www.tredition.de

AF214596

www.tredition.de

Für Dich

Rosemarie Hofer

DULIDU

Inspirierende Gedanken & Geschichten

© 2015 Rosemarie Hofer

Umschlag, Illustration: Jonny Hofer / PHOTO & IMAGE Ltd. London

Lektorat,
Korrektorat: Textehexe / Anke Höhl-Kayser

Übersetzung Text Peter Kater: Jonny Hofer

Weitere Mitwirkende: Dr. Sylvia Löhken / Vorwort

Verlag: tredition GmbH, Hamburg

ISBN

Paperback   ISBN 978-3-7323-7274-4

Hardcover   ISBN 978-3-7323-7275-1

e-Book   ISBN 978-3-7323-7276-8

Printed in Germany

Vorwort Dr. Sylvia C. Löhken

Rosemarie Hofer ist eine Frau des genauen Blicks. Sie ist Fotografin. Eine sehr gute übrigens. Mit ihrem zweiten DULIDU-Buch richtet sie ihren Blick erneut nach innen – dann wieder nach außen.

Rosemarie ist ein leiser Mensch, eine nachdenkliche Introvertierte, also nach innen Gerichtete, die mit den Stärken ihrer Persönlichkeit wirkt. DULIDU ist Rosemaries Phantasiewort für "geduldig sein". Ich habe die Umsetzung selbst erleben dürfen, als Rosemarie mich fotografiert hat: Sie lässt sich Zeit, um zum Eigentlichen zu kommen.
Ruhige Geduld, leise Beharrlichkeit: Das ist eine große leise Stärke, die Rosemarie in ihrem Tun umsetzt, und die sie selbst tief verändert hat.

Dieses Buch ist eine Essenz vieler geduldiger Stunden des Nachdenkens, vieler tief verarbeiteter Geschehnisse. Es geht Rosemarie um nicht weniger als um ein gutes Leben. Sie fragt danach, wie sich angesichts dessen, was unser Leben schwer macht, das Glück finden lässt.

In einer oft poetischen Sprache erzählt sie, wie sie diese Frage in ihrem eigenen Leben beantwortet. Auf sehr persönliche Weise teilt sie das, was sie gelernt hat: aus ihrer schweren Krankheit, die sie überwinden durfte, aus geschäftlich schwierigen Situationen, denen sie sich als Unternehmerin stellte, aus ihren Begegnungen mit Menschen, die ihr Hindernisse bauten.

Rosemarie blickt mit ihrer ganz eigenen Linse hinter die Bilder, die sie in ihren Erzählungen teilt. So schafft sie eine Tiefendimension. Die "rosarote Brille", die ihr manche Zeitgenossen unterstellen, ist keine Maske, die sie von der Welt trennt. Sie hat sich einfach gegen das Schwarzsehen entschieden. Das ist ihr wichtig, denn, so Rosemarie, auf die Wahl unserer inneren Brille, auf unseren Blick auf uns und andere kommt es eben an. Diese Brille prägt unser Leben und das, was uns geschieht. Wenn wir wollen, dass es gut weitergeht mit uns, dann sollten wir also auf die Geschichten sehen, die wir uns über uns selbst und andere erzählen.

Die Geschichten und Erkenntnisse in DULIDU stehen für eine "Erst-innen-dann-außen-Haltung", die in unseren lauten Zeiten gerade wieder neue Aufmerksamkeit bekommt. Das Buch, das Sie gerade in Ihren Händen halten, feiert den Menschen in seiner Freiheit, seine Welt in Worten und Bildern zu schaffen.

Freuen Sie sich auf viele inspirierende Gedanken und Geschichten!

Sylvia C. Löhken

www.intros-extros.com

Mein Gedanke – eine Einführung

Jaja, die rosarote Brille – ein immer wiederkehrendes Thema, wenn mich Bekannte auf den sogenannten Boden der Tatsachen holen möchten! Beinahe täglich bekomme ich es direkt oder indirekt mit unterschwelligen und eindeutigen Vorwürfen zu tun, ich würde nicht mehr in der Realität leben.

Durch meine sogenannte rosarote Brille würde ich ja nur noch alles positiv sehen wollen und die Wahrheit, wie es im Leben wirklich funktioniert einfach ignorieren.

Begonnen hat dies im Grunde nach der Diagnose Krebs, genauer gesagt, in der Zeit nach meiner Operation und den Bestrahlungen. Als die schwierigsten Phasen überstanden waren, sagte ich einmal in einem Interview, dass ich letztlich sogar für die Krankheit dankbar bin!

DANKBAR !

So einen vermeintlichen Unsinn hat man ja auch selten gehört – wie kommt man denn darauf?

Das ist recht einfach erklärt: „Ich hätte ja auch einfach tot umfallen können! So hatte ich wenigstens die Chance auf einen Neuanfang, auf eine neues, für mich angemesseneres Denken und somit Leben."

Positives Denken als Zwangsmaßnahme und Heilmittel dafür, dass alles wunderschön ist, sehe ich auch als gefährlich an, aber als eine Art der Grundeinstellung gegenüber dem Leben kann ich es aus meiner Sicht nur empfehlen. Auch in dem vorgenannten Fall. Denn was ich wirklich damit sagen möchte, ist, dass mein Umgang mit der Krankheit schwer war, es tat weh, ich hatte Angst um mein Leben, nur hatte ich im Gegensatz zu vielen anderen Menschen wenigstens die Chance auf Heilung. Diese Chance ist für mich der positive Faktor.

Diese Einstellung, in den vermeintlich negativen Passagen meines Lebens den Faktor zu finden, hilft mir heute sehr.

Dankbarkeit für den Gegner

Ein Gegner, sei er menschlich oder durch den Menschen entstanden, ist immer auch ein Lebenslehrer.

Er zeigt uns unsere Schwächen und lehrt uns, diese zu verstehen.

Die daraus erwachsenden Erfahrungen helfen uns, die nächste Krise zu überstehen.

Wir sollten ihm immer dankbar sein.

Ich bin dankbar für meine Krankheit

Im Jahr 2006 hatte ich mitten im Sommer eine Phase von mehreren Wochen, wo ich mit niemandem reden, niemanden sehen wollte. Die ganze Zeit lag ich nur bei heruntergelassenen Jalousien im Wohnzimmer und jammerte innerlich über die Schlechtigkeit der ganzen Welt. Alles und alle waren Schuld, woran auch immer - ich wusste es genau!

Ich war völlig ohne Antrieb und es war mir im Grunde sogar peinlich wenn jemand reinkam, ob meine Söhne oder mein Mann. Ich wollte mit nichts und niemandem etwas zu tun haben. Heute weiß ich, dass es damals ein Zeichen, eine Art erster Warnschuss war, mein Leben zu überdenken und grundlegende Dinge zu ändern, aber ich hörte nicht darauf.

In Deutschland sagt man so schön: „Reiß dich zusammen", was natürlich eher ein Oxymoron ist! Ich hielt mich daran und „riss mich zusammen", ging wieder arbeiten - was für ein Quatsch! Allein die Wortkombination hätte mich stutzig machen müssen: „zusammen-reißen", gleichzeitig etwas zusammenhalten und auseinanderreißen. Meine innere Zerrissenheit wurde immer größer und meine schauspielerischen Fähigkeiten immer besser, zumindest für eine gewisse Zeit. Ich erkannte nicht, dass mich diese Phase (heute würde man dazu wahrscheinlich Burnout oder eventuell auch Depression sagen) warnen wollte. Sie wollte mir etwas beibringen, aber ich hörte nicht zu und überging sie als etwas Böses, woran ich mich nicht mehr zu denken bemühte.

Ziemlich genau ein Jahr später ging ich mit Nierenschmerzen zum Arzt und erfuhr, dass ich Krebs hatte! Ich hatte einen neuen Gegner, viel mächtiger als ein Jahr zuvor und viel gefährlicher in meinen Augen.

Ich bekam große Angst um mein Leben. Wie sollte ich mich verhalten? Dagegen halten – dafür hatte ich nicht wirklich die Kraft. Mich damit abfinden und sterben - dazu hatte ich noch zu viel Kraft. Was sollte ich also tun? Ich begriff nach und nach, dass ich den Krebs in Sicherheit wiegen musste und ich beschloss, ihm zu danken. Wenn ich heute so etwas erzähle, werde ich meist müde angelächelt und auf der gerunzelten Stirn manches Gesprächspartners sehe ich förmlich die Worte „Die ist bekloppt", aber es war für mich ganz entscheidend, der Krankheit zu danken. Was sonst sollte ich tun, wie hätte ich kämpfen sollen? Kampf ist Krampf und Verkrampfung können Sie in einem Heilungsprozess, egal ob geistig oder körperlich, niemals gebrauchen.

Ich begann, jeden Tag in eine kleine Kladde hunderte Mal hineinzuschreiben, „Ich bin gesund" und „Ich bin dankbar für meine Krankheit", wobei das „Ich bin gesund" von Anfang an überwog und mit der Zeit das „Ich bin dankbar für meine Krankheit" immer mehr ersetzte.

Für mich wurde immer wichtiger, die Krankheit als eine Lehre anzusehen, mehr auf mich und meine Bedürfnisse zu achten. Nichts kann wesentlicher sein, als sich um sich selbst zu kümmern. Vorher hatte ich das anders gesehen, da ging es immer zuerst um die anderen, meine Söhne, meinen Mann, ums Geschäft und irgendwann zum Schluss erst auch mal um mich. Die Krankheit zwang mich, mich um mich zu kümmern und zu verstehen, dass ich wichtig bin. Die Krankheit wurde mein bester Lehrer. Niemand sollte die Anzeichen seiner Lehrer übergehen, denn wenn er es tut, werden die nächsten Lehrzeiten schwerer und schwerer.

Grenzen verschwimmen seit Anbeginn der Zeit

Die Grenze zwischen „Möglichem" und „Unmöglichem" war schon immer fließend.

Für die ersten Menschen war Feuer ein Wunder, sowie im Mittelalter der Blitz und der Donner.

Als man sich diese erklären konnte, waren sie auch keine Wunder mehr, sondern ein normaler Teil unserer Wahrnehmung.

Für mich sind Wunder völlig normal, wir erleben sie jeden Tag, nur nehmen wir sie oft nicht wahr!

Jeder Tag ist ein Wunder

Bis knapp vor meinem fünfzigsten Geburtstag war mein Leben grundsätzlich für die nächsten Jahrzehnte ver- und geplant. Arbeiten gehen und die Schulden für Haus und Firma abzubezahlen, mich um meinen Mann und die Söhne kümmern, ab und zu mal mit Freunden weggehen, essen, schlafen – das Übliche halt.

Es waren keine Wunder in Sicht, höchstens klar definierte Grenzen meines Denkens, meines Daseins, meiner Existenz. Mit der Angst vor dem Sterben und dem Tod vor Augen jedoch begann ich vieles anders zu betrachten, denn alles in meinem Leben wurde viel wertvoller.

Ich besah alles aus verschiedenen Blickwinkeln, ich hörte genauer zu, ich fühlte und tastete sensibler als früher, ich empfand den Geruch der Blumen, des Waldes, des Meeres anders als jemals zuvor. Meine Ernährung wurde nicht mehr nach reinen Gesichtspunkten des Sättigungsgehalts, sondern primär nach dem Geschmack zubereitet und gegessen.

Plötzlich waren alles wundervolle Dinge, wunderbare Situationen, und ich hatte das Gefühl, dass es um mich herum nur noch Wunder gab. Allerdings stieß ich immer noch an die vergleichbar engen Grenzen und wunderte mich selbst darüber. Hatte ich denn nicht gerade einer todbringenden Krankheit die Grenzen aufgezeigt? Ja, natürlich – aber wie? Weil ich die Begrenzung meiner Lebenszeit ein-fach nicht anerkannte, deshalb! Warum ließ ich mich denn bei anderen Dingen von mir selbst immer noch so begrenzen?

Ich verstand so langsam, dass ich zwar die Begrenzung in größter Not einreißen konnte, sie aber bei den normalen Dingen wie vorher akzeptierte. Nein, das wollte ich nun nicht mehr tun und ich suchte mir eine Grenze zum Einreißen.

Es war die Grenze, dass ich mich bisher nie schön genug gefunden hatte, um vor der Kamera zu stehen statt nur dahinter. Trotz Übergewichts von etwa fünfzehn Kilogramm ließ ich mich mindestens einmal im Monat von den Mitarbeiterinnen meines Fotostudios fotografieren und ich erkannte, dass ich immer lockerer wurde.

Natürlich sah ich auch mein von der Chemotherapie aufgedunsenes Gesicht, aber ich war froh, dass es überhaupt noch da war. Ich begann mich dafür im Geiste zu bedanken und klebte die aus meiner Sicht schönsten Fotos in mein Positivbuch – jeden Monat mindestens eins. Neben der Lockerheit bemerkte ich auch immer mehr, wie Lebensfreude und Zuversicht in meinen Gesichtsausdruck zurückkehrten.

Als sich dieser Zustand auf den Bildern beständig zeigte, dachte ich an meinem immer noch unförmigen Bauch. Er spannte und schmerzte immer wieder wegen der langen OP-Narbe, also beschloss ich, dass der Bauch kleiner werden sollte. Aber wie?

Joggen ließ mein Körper nach den Strapazen von Chemotherapie und Bestrahlung nicht zu, höchstens etwas spazieren gehen, Gymnastik nur begrenzt, wie sollte ich meine Kilos verlieren, ohne mich ordentlich zu bewegen?

Fast wollte ich mich an diese Grenze schon wieder gewöhnen, als ich dachte: „Nein, ich mach es einfach anders". So streichelte ich mir jeden Tag den Bauch, redetet mit ihm wie mit einem Freund, erklärte ihm die Vorteile, wenn ich insgesamt nur von fünfundsechzig Kilo wiegen würde und bedankte mich für seine Mithilfe.

Dieses Gespräch führte ich jeden Tag mindestens einmal, und nach acht oder neun Monaten ging ich auf die Waage, sie zeigte fünfundsechzig Kilogramm an. Seit diesem Tag akzeptiere ich kaum noch Grenzen.

Die Grenzen, die es in meinem Leben noch gibt – da mache ich mir keine Sorgen, auch die werden bald fallen.

Der Mensch 2.0

Manchmal glaube ich, dass der Mensch viel einfacher funktioniert als manche denken:

Du kannst ihn beeinflussen, ihn lieben und ihn loben – er funktioniert einwandfrei!

Du kannst ihn manipulieren, ihn hassen und ihn demütigen – dann geht er kaputt!

Groß denken und groß handeln

Als ich noch an die Mär glaubte, man könnte uns Menschen begrenzen, da glaubte ich auch alles Negative, was man mir zu meiner Person sagte. Als ich später zu der Überzeugung gelangte, dass nicht die anderen uns begrenzen können, sondern nur wir selbst, indem wir es zulassen, dass sie uns begrenzen, sah ich auch meine Mitmenschen in einem anderen Licht.

Durch meine eigene Entwicklung, die ich einteile in unter Fünfzigjährige und die darüber, habe ich festgestellt, dass wir Menschen unfassbare Möglichkeiten in uns tragen – jeder! Es gibt keine besonderen Menschen und normale Menschen, wir sind alle auf unsere Weise mit speziellen Talenten, Gaben und Möglichkeiten gesegnet.

Man kann heute vom kleinen Bub aus der Steiermark zum stärksten Mann der Welt oder zum Gouverneur eines amerikanischen Bundesstaates werden. Genauso kann eine Frau mit weit über fünfzig noch Fotomodell sein oder mit über sechzig noch eine sehr erfolgreiche Verlegerin – alles ist machbar und möglich! Mit einer Einschränkung – man muss etwas riskieren, was auch immer es sein mag! Ich habe es gelernt und erfahre es immer wieder, in jedem Menschen steckt ein Genie.

Wird er in seiner Anfangszeit als Kind klein gehalten, wird er auch im späteren Leben meist nur kleine Dinge riskieren und nur kleine Dinge denken, wie das bei mir der Fall war. Dann gibt es die anderen, die freier aufgewachsen sind, die gelernt haben, mehr zu riskieren. Sie denken dann auch größer.

Den einen fehlt die innere Kraft, sie werden nie wirklich aktiv. Sie handeln nicht von sich heraus, sie sprechen nur, wenn sie gefragt werden. Die anderen jedoch erscheinen wie eine nie versiegenden Quelle, mit immer neuen Aktivitäten, neuen Ideen und unaufhörlich strahlen sie eine enorme Kraft aus, die auch ihre Umgebung mitreißt. Natürlich habe ich fünfzig Jahre gedacht, dass es nun mal die eine Sorte Mensch wie die anderen gibt und dass man daran nichts ändern kann, aber dieser Gedanke ist falsch!

Jeder Mensch hat seine individuelle Kraft. Am besten findet man sie, indem man sie zu nutzen lernt. Zu meinen Erkenntnissen gehört es, dass ich heute sicher bin: Alle Erfahrungen in meinem Leben haben zu dieser Einsicht geführt Ich setze für mich um, selbst aktiv zu sein. Fünfzig Jahre lang habe ich nie einen Gedanken daran verschwendet, dass man eines Tages von mir in einer Ausstellung Bilder kaufen würde, die meine tiefsten Emotionen widerspiegeln, dass ich für eine Werbekampagne das Fotomodell sein könnte oder dass Sie dieses Buch von mir lesen würden – niemals!

Fünfzig Jahre konnte ich nur das, was man mir sagte, was ich kann. Nun bin ich selbst aktiv, und mein Weg hat gerade erst begonnen. Ich möchte weder der Sklave meiner Eingeschränktheit sein noch der Sklave meiner Versagensangst.

Nicht jeden Tag klappt alles, nicht jeden Tag ist alles gut, aber jeden Tag wird es etwas besser und nur das zählt. Wenn man allerdings nicht beginnt, sein Leben mit eigenen Vorstellungen, mit eigenen Ideen, mit eigenen Wahrnehmungen zu füllen, dann wird sich auch nichts ändern. Man wird immer ein Sklave seiner Welt sein, wenn man nicht lernt, selbst größere Risiken zu akzeptieren und einzugehen, größer zu denken und Stufe um Stufe neue Plattformen zu erreichen.

Glück als eine Grundeinstellung

Jeden Tag erlebe ich Menschen, die ihr Glück in Büchern, in Filmen, in Geschichten, anderen Dingen und Menschen suchen.

Ich glaube, sie werden scheitern!

Glück finden wir nur in uns.

Die Basis von Glück ist auch eine Grundeinstellung, wie verzeihen, lieben, gedulden, tolerieren, mitfühlen – alles Eigenschaften aus dem eigenen Innern.

Alle Menschen lieben, auch sich selbst

Ich wurde in den letzten Jahren immer wieder gefragt, warum ich immer so glücklich aussehe und meist habe ich nur geantwortet: „Weil ich es bin!".

Natürlich weiß ich, dass diese Aussage nicht wirklich das ist, was die Fragenden wissen wollen, aber es ist mittlerweile meine Art, Fakten zu schaffen und sie zu erklären.

Die meisten Menschen glauben bis ins hohe Alter daran, dass das Glück von irgendwoher, von außen kommen muss oder soll. Meiner Erfahrung nach können sie darauf ewig warten, es wird nicht passieren. Zum einen kenne ich niemanden, der das Wort Glück exakt für sich definieren kann - außer er hat sich bereits damit auseinandergesetzt und zum anderen fehlen vielen die Grundvoraussetzungen für Glück.

Die wichtigste Grundvoraussetzung für Glück ist für mich Liebe. Jeder von uns hat es schon einmal erlebt: Sie sind zu einer Feier eingeladen. Als Sie dort ankommen, freuen sich zunächst alle Anwesenden. Wie schön, sich endlich mal wiederzusehen. Man mag sich. Nach einer gewissen Zeit beginnt irgendein Gast herumzu-schreien, wird aggressiv und laut, die Harmonie ist dahin. War die Stimmung bis dahin noch warmherzig und friedvoll, so kippt sie nun. Die einzelnen Gäste wirken nun angespannt, die Ein-tracht ist verflogen, es macht keine große Freude mehr. Aber auch wenn keiner brüllt oder aggres-siv ist, so kann allein schon ein missmutiger oder unfreundlicher Mensch innerhalb der Gruppe das Gleiche erreichen.

Auch das Unterdrücken von Unmut oder schlechter Laune bemerkt man innerhalb einer solchen Gruppe. Eine wie auch immer negative Verfassung überträgt sich auf die anderen, ge-nauso wie eine grundlegend positive. Eine grundlegend positive Verfassung erreichen Sie als Einzelperson am leichtesten, wenn Sie ler-nen, die Menschen zu lieben – jeden Menschen, auch sich selbst.

Wenn Sie lernen, dass Ihr eigenes Herz voller Liebe für sich selbst ist und die gleiche Liebe auch für andere Menschen entwickeln, dann werden Sie immer Herzlichkeit und Güte aus-strahlen. Diese Ausstrahlung hilft bereits jeder kleineren Gruppe, etwas davon zu übernehmen, wenn auch nur zeitweise, was jedoch besser ist als gar nicht. Damit lassen sich Probleme leich-ter akzeptieren und vor allem besser lösen. Lautstärke, Unfreundlichkeit, Wut und Zorn sind auf lange Sicht niemals Problemlöser.

Gelöste Probleme allerdings können schon Vorboten kleiner Glücksmomente sein – Problem gelöst bedeutet, etwas geschafft zu haben, was einen zufrieden sein lässt. Je nach Größe des Problems wird aus Zufriedenheit Glück!

Je mehr Menschen lernen, zuerst sich selbst zu lieben – und ich meine nicht, sich nur ganz gut zu finden, nein - sie müssen in der Lage sein, laut und mit voller Überzeugung zu sagen: „Ich liebe mich" – umso mehr Menschen können Probleme lösen. Je mehr Menschen Probleme lösen können, umso mehr werden zumindest zufrieden sein, oder, wie bereits erwähnt, sogar glücklich! Natürlich gibt es noch mehr Eigenschaften, die Sie in Ihrem Inneren besitzen, aber die Liebe ist die wichtigste, denn sie sorgt dafür, dass auch die anderen sich entfalten können.

Die echte Liebe zu sich selbst und die echte Liebe zu Menschen sind der erste Baustein für ein immer wiederkehrendes Glücksgefühl.

Mein Wunsch?

Was ist das eigentlich – dein Wunsch?

Sind es die Fähigkeiten, die du haben möchtest?

Sind es die bildhaften Vorboten der Fähigkeiten,
die in dir schlummern?

Oder ist der Wunsch ein unterbewusstes Bild
dessen, wozu du imstande bist, es zu leisten?

Der Wunsch als sichtbare Form

Fünfzig Jahre lang habe ich es nicht gewusst, dann nicht verstanden und sowieso als Blödsinn abgelehnt, aber heute bin ich absolut davon überzeugt: Ein jeder Wunsch entsteht in unserem Denken und alles, was wir denken, nimmt irgendwann eine sichtbare oder auch materielle Form an. Das bedeutet, der Wunsch wird wahr!

Wenn früher jemand zu mir gesagt hätte, willst du mal ein Buch schreiben, dem hätte ich geantwortet, erstens kann ich so was nicht, zweitens wer will denn so was lesen und drittens habe ich dafür keine Zeit.

Den Wunsch, mich durch ein Buch anderen mitzuteilen, kam erst vor rund vier Jahren das erste Mal in mein Denken, zunächst war er noch nicht so stark. Immer wieder habe ich darüber nachgedacht und begonnen, einige Dinge aufzuschreiben, welche in einem solchen Buch stehen könnten oder sollten. Vor über drei Jahren habe ich dann in einem Interview vor laufender Kamera erzählt, dass ich vorhabe, ein Buch zu schreiben. Der Gedanke festigte sich immer mehr ...

Nicht nur mit dem Wunsch, ein Buch zu schreiben, habe ich diese Erfahrung gemacht, auch mit vielen anderen Dingen in meinem Leben. Für mich hat sich eingeprägt, dass ein wirklicher Wunsch, den ich verfolge, irgendwann auch Realität wird. Ich spreche dabei nicht von irgendwelchen Dingen, Ich spreche dabei von Dingen, an die ich glaube.

Nun kann man einwenden, das ist ja nichts Außergewöhnliches, das mach ich auch so, aber da kommt nichts Großes bei raus. Stimmt. Was jedoch anders geworden ist: Ich erschaffe mittlerweile andere, größere Wünsche als früher und sie werden Realität!

Wenn ich mir etwas wünsche und es passt zu meiner inneren authentischen Persönlichkeit, dann manifestiert sich dieser Wunsch immer mehr, nimmt irgendwann zuerst unterbewusst eine für mich unsichtbare Form an und mit der Zeit wird der Wunsch zu einer realen Form.

Vieles habe ich früher für Zufall gehalten, aber in der Rückschau haben sich meine echten Wünsche auch damals irgendwann realisiert.

Was man dabei nicht außer Acht lassen sollte, ist, dass Gedanken positive und negative Wünsche realisieren können. Bemerke ich also, dass ich irgendwem etwas Schlechtes oder Böses wünsche, steuere ich sofort dagegen, denn wenn ich es weiter zulasse, wird auch der böse Wunsch real sein. Jeder von uns weiß in seinem tiefsten Inneren, dass alles, was man aussendet, positiv wie negativ, auf einen irgendwann zurückfällt.

Auch sollte man niemals seine Gedanken in Verbindung bringen mit Leiden, Krankheiten oder anderen negativen Formen des Denkens, welches man mit der Zeit zu einer Realität werden lässt.

Lassen sie ihr Denken sich mit Gesundheit, mit Stärke und anderen positiven Merkmalen beschäftigen und daraus einen Wunsch entwickeln. Das Gute am eigenen Denken ist, man kann Ihnen alles in Ihrem Leben nehmen, aber Ihr Denken nicht. Sie haben die Freiheit zu denken, was Sie denken wollen. Diese Freiheit erlaubt es einem jeden, auch seinem Denken die Richtung vorzugeben.

Wieso ich da so sicher bin?

Ich habe diese Erfahrung nicht allein gemacht, wie das Beispiel aus der furchtbaren NS-Zeit und ihrer Konzentrationslager zeigt. In seinem Buch „... trotzdem ja zum Leben sagen" schreibt der KZ-Überlebende Viktor E. Frankl: „Und mögen es auch nur wenige gewesen sein – sie haben die

Beweiskraft dafür, dass man dem Menschen alles nehmen kann, nur nicht: die letzte menschli-
che Freiheit, sich zu den gegebenen Verhältnis-
sen so oder so einzustellen. Und es gab ein so
oder so!"

Ein Staubkorn und seine unvergleichliche Bedeutung

Wenn du dir vor Augen hältst, dass du nur ein Staubkorn auf dieser Welt bist und deine Bedeutung für diese Welt damit vergleichst, dann liegst du, so glaube ich, damit falsch.

Für irgendwen auf dieser Welt bist du die Welt und hast für ihn eine unvergleichliche Bedeutung!

Das Töpfchen und das Deckelchen

Kennen Sie das auch? Egal, in welche Zeitung oder Zeitschrift ich sehe, egal, ob ich den Fernseher einschalte oder im Internet surfe, überall werden mir Traumfrauen und Traummänner gezeigt. Nicht nur das, es gibt in jedem Medium Tipps und Tricks, mit welchen Beziehungsregeln oder Checklisten man zu einer guten Beziehung oder zu einer fantastischen Partnerschaft kommt.

Leider glauben die Menschen umso mehr an diese Dinge, je mehr sie sich solche Artikel anschauen. Das Schlimme dabei, das meiste ist Unsinn!

Zum einen sind die abgebildeten Personen - Frauen wie Männer nicht einfach nur hübsche und gut gebaute Menschen, sondern zu 99,99% mit irgendwelchen aktuellen Bildbearbeitungsprogrammen auf „schön" zurecht gemacht. Sie würden diese Personen im echten Leben auf der Straße wahrscheinlich nicht wiedererkennen.

Zum zweiten sind sogenannte Beziehungsregeln, an die man sich angeblich nur halten oder bestimmte Partnerschaftsstandards, die man erfüllen muss, auch völliger Blödsinn! Natürlich klingen diese Regeln und Standards meist recht logisch, jedoch sind sie es in Wirklichkeit nur dann – und auch nicht zu hundert Prozent – wenn Sie die gleiche Persönlichkeitsstruktur wie die Verfasser haben.

Wie wahrscheinlich ist das für Sie und wie wahrscheinlich ist das für die meisten Menschen? Unwahrscheinlich, wäre zumindest meine Antwort. Es macht keinen Sinn, etwas wie Regeln, Standards oder Logik als Grundlage für Liebe, Romantik und Zärtlichkeit zu nutzen. Von wem werden diese Regeln und Standards denn in die Welt gesetzt?

Da sind zum einen wohlmeinende Buchautoren, die Hilfestellungen geben wollen, aber sie sehen die Problematik natürlich aus eigener Sicht. Sie können es nicht aus Ihrer Sicht betrachten. Somit ist die Wahrscheinlichkeit schon sehr gering geworden, dass Ihnen diese Regeln und Standards weiterhelfen.

Dann gibt es die wohlmeinenden Paartherapeuten, bei denen wir das identische Problem haben. Sie sehen es aus der eigenen Sicht oder, fast noch schlimmer, aus einem statistischen Mittel ihrer Patienten.

Dann gibt es noch die vielen anderen, vor allem die Medien. Bei denen können Sie sicher sein, da geht es nicht um einen wohlmeinenden Rat, sondern um Auflage und Verkaufszahlen!

Der beste Weg für eine gute Beziehung oder Partnerschaft ist, herauszufinden, wer Sie selbst sind, authentisch zu sein und es auch zu bleiben. Dann werden Sie im Regelfall auf jemanden treffen, der Sie, genauso wie Sie sind, attraktiv findet, Sie schätzen und lieben lernt.

Wenn Sie beide nun authentisch bleiben und ansonsten daran arbeiten, Ihre Gegensätze zu akzeptieren und sie nicht wandeln wollen oder umgekehrt, wenn Sie so ähnlich sind, dass Ihnen etwas in der Beziehung fehlt, auch das zu akzeptieren und eigenwillige Lösungen zu finden, dann kommen Sie meiner Erfahrung nach viel weiter.

Bildhaft gesprochen: Wenn Sie das Töpfchen sind und so bleiben, wie Sie sind, werden Sie auch das passende Deckelchen finden. Wenn Sie sich aber dauernd verändern, müssen Sie immer wieder ein neues passendes Deckelchen finden.

Überzeugungen

Es gibt für Menschen viele verschiedene Arten von Überzeugungen:

Die einen sind überzeugt, dass es für alle Menschen Möglichkeiten gibt!

Die nächsten sind überzeugt, dass vieles für die Menschen bedingt möglich ist!

Die anderen sind überzeugt, dass für die Menschen nichts unmöglich ist!

Das Interessante daran ist, sie alle haben recht.

Denke groß und fest

Menschen sind manchmal sehr eigen, vor allem, was ihre Überzeugungen betrifft. Vielfach in meinem Leben habe ich Menschen getroffen, deren Überzeugungen mir zuerst plausibel erschienen, aber als ich dann mehr dazu wissen wollte, stellte sich sehr oft heraus, dass sie selbst nicht wirklich weiter wussten, keine Definition für diese Überzeugungen fanden.

Daraufhin überprüfte ich meine eigenen Überzeugungen und stellte immer öfter fest, dass es nur Meinungen waren, die ich irgendwo aufgeschnappt hatte oder Pseudo-Überzeugungen, die ich von anderen Menschen übernommen hatte. Ganz ehrlich, je mehr ich darüber nachdachte, desto weniger gefiel mir das.

Warum hatte ich denn keine eigenen Überzeugungen? Ich hatte in den letzten Jahren sehr viel gelesen, hatte viele Seminare besucht, mich mit vielen interessanten Menschen getroffen, was also war denn los mit mir? Ich kam zuerst nicht drauf, bis ich wieder einmal in einem Buch las und meine Gedanken abschweiften. Das passiert mir öfter, dachte ich noch und dann kam mir die

Idee, dass ich zwar viel gelesen hatte und auch daran glaubte, es verstanden zu haben, aber es war nicht so.

Mir wurde immer bewusster, dass ich das Gelesene einfach nur in mein Bewusstsein übernahm, aber ich machte mir keine Gedanken darüber. Erst da verstand ich: Ich kann viel lesen, mich weiterbilden, mich mit intelligenten Menschen unterhalten, aber solange ich nicht über das neu erworbene Wissen eigenständig nachdenke, werde ich nie zu meiner Überzeugung kommen können. Die Größe und Festigkeit eines Gedanken kann nur das Ausmaß haben, wie man darüber denkt!

Genauso wenig, wie ein Mensch eine gewisse Größe und Festigkeit nach außen tragen kann, wenn er innerlich nicht entsprechend groß denkt. Der Mensch muss sein Denken ausrichten und zwar in die Richtung, von der er überzeugt ist. Wenn er keine solche Richtung hat, wird sein Leben trotz aller Bildung nicht die Größe und Festigkeit erreichen können, die ihm möglich wäre. Nur gibt es hier ein Problem, denn Denken empfand ich immer als die schwerste aller Arbeiten, fürchterlich anstrengend. Gerne habe ich mich mit anderen Aktivitäten vom Denken abgelenkt. Heute flüchten auch sehr viele Menschen vor dem Denken, indem sie rastlos alles mitnehmen, was ihnen geboten wird. Jede Party, jeder Urlaub wird zum Event, jede Einladung muss etwas Spektakuläres haben. Jede Minute der Freizeit ist verplant, soziale Medien, YouTube, Fernsehen, Kino, Party, Party, Party!

Es ist eine Flucht vor dem Denken! Die Chance auf Größe und Festigkeit im Denken, sowie in Überzeugungen, die uns eine Richtung für unser Leben geben können, sie gehen immer mehr verloren – die Menschen verlieren folglich immer mehr sich selbst. Solange sie weiterhin davonlaufen, werden sie ihr Denken und ihre Überzeugungen nicht entwickeln können und bleiben daher dort stehen, wo sie bereits waren. Im Geiste wie im Leben. Trotz aller Aktivitäten bleiben sie stehen und wundern sich, dass sich in ihrem Leben nichts zu einer gewissen Größe hin entwickelt hat. Daher: Tun Sie sich den Gefallen und lesen, denken Sie und vor allem darüber nach.

Lesen Sie mehr über die großen Dinge, denken Sie mehr über die großen Dinge nach und die Chance auf Größe und innere Festigkeit ist für Sie da!

Denken und Denkweisen

Jahrelang habe ich über Probleme nachgedacht, um sie zu vermeiden, habe ich vorausgedacht und als ich sie dann dennoch hatte, wusste mir mein Denken oftmals doch nicht zu helfen.

Was war nun das Problem?

Das Denken an sich oder meine Denkweise?

Mit der Zeit lernte ich, dass es nicht das Denken an sich ist, sondern meine immer gleiche Denkweise war, welche die gleichen Probleme heraufbeschwor und ich musste einsehen, dass ich sie nur lösen konnte, indem ich meine Denkweise änderte!

Die Metamorphose von Ärger und Wut

Auch wenn man mir immer schon nachgesagt hat, dass ich ja eine ganz Liebe bin, so muss ich zugeben, dass in mir vor Jahren noch sehr viel Wut und Ärger vorhanden waren.

Ob es der Start in meine erste Ehe war, deren Verlauf oder das Ende? Diese Erfahrungen machten mich wütend, jahrelang sah ich meinen ehemaligen Mann im Geiste ärgerlich an und machte ihn für vieles verantwortlich, was ich im Grunde selbst zugelassen hatte.

Dieser Ärger, diese Wut fraßen mich auf. Jahre später eröffnete ein Mitbewerber gegenüber von meinem Geschäft sein Geschäft und glauben Sie nicht, dass ich das gut verkraftet hätte! Ich gab ihm die Schuld für fehlende Umsätze – welche nachweislich noch gar nicht da sein konnten.

Wieder überfielen mich Wut und Ärger, nur, was konnte der andere dafür? Nichts, jeder muss seinen Weg gehen! Was hatte ich davon, rein gar nichts, außer Bauchweh?

Als dann der Umsatz wirklich zurückging, war für mich die Schuldfrage klar:

der andere, der Böse!

Heute weiß ich, dass all das völliger Unsinn war. Mein Denken ist der Auslöser gewesen. Wäre ich anders vorgegangen und mein Denken wäre ein anderes gewesen, hätte ich meinen zweiten Ehemann nie geheiratet, denn wenn ich es nicht hätte drehen können (weshalb der Kopf ja bekanntlich rund sein soll, eben damit das Denken leichter die Richtung ändern kann) hätte ich den gleichen Typus Mann wie bei Ehe Nummer 1 ja wieder geheiratet - habe ich aber nicht.

Auch sind die Kunden nicht weggeblieben, weil ein anderer Fotohändler sein Geschäft aufgemacht hat, sondern weil ich mit meinen Ideen, meiner Leistung, meiner Freundlichkeit und Einstellung nachgelassen hatte.

Irgendwann begann ich, es zu realisieren und ich suchte Lösungen, denn ich wollte mich nicht mehr ärgern, ich wollte nicht mehr wütend sein. Ich wusste, es schadete nur mir selbst. Ich suchte lange nach einer Möglichkeit und fand sie schließlich, wie so häufig, in einem Bild.

Ähnlich wie ich für „Geduldig sein" irgendwann die Fantasiebezeichnung DULIDU entdeckte, so suchte ich in meinem Inneren zwei andere Bilder für Wut und Ärger.

Ich fand sie in zwei kleinen, propper gebauten Bengeln, der eine war grün, der andere war rot.

Immer wenn nun einer von beiden oder beide gleichzeitig in mir hochkamen, stellte ich mir vor, dass der eine fast feuerrot, der andere ganz giftig grün wurde. Ich begann nun beide im Geiste herzlich und voller Liebe zu umarmen. Beide beruhigten sich und der eine bekam wieder eine hellrote, fast orangefarbene Haut, der andere eine zart grüne hoffnungsvolle Hautfarbe. Nun waren sie ruhig.

Ab und zu kommen sie noch hoch, aber wenn ich sie nur zärtlich in den Arm nehme, sie etwas von meiner inneren Wärme und Zuneigung spüren lasse, dann verschwinden sie und kommen erst zurück, wenn sie das Gefühl haben, dass sie einmal etwas mehr Liebe brauchen. Seit ich diese Bilder in mir trage und weiß, dass die zwei kleinen Bengel nur deshalb manchmal so sind, weil mein Denken nicht mit der notwendigen Wärme, Zuneigung und Liebe beschäftigt ist, tu ich mich auch viel leichter, ihnen diese zu geben.

Zuspruch und Lob

Oft werden wir dazu aufgerufen, anderen Menschen zu helfen.

Natürlich ist es wichtig und richtig, nur hilft man ihnen meist nicht, indem man ihnen Dinge abnimmt, die sie selber tun könnten.

Die eigentliche Unterstützung ist Zuspruch und Lob, denn sie helfen ihnen, ihr Selbstvertrauen aufzubauen, dann alles selbst zu verantworten und somit auch selbst zu schaffen!

Liebevolle, uneigennützige Hilfe

Nach meiner Krebs-Operation hatte ich mit einigen Folgeschäden zu kämpfen. Ich konnte einige Wochen kaum richtig und über mehrere Monate nicht weit spazieren gehen. Ich konnte phasenweise nichts schmecken, nichts riechen und einiges mehr. Oft war ich deshalb mit meinen Gedanken auch bei behinderten Menschen.

Es heißt ja, dass man erst bemerkt, was man hatte, wenn es fort ist und das stimmt! Wenn Sie nur noch schlecht gehen können, denken Sie darüber nach, ob sich dieser Zustand nie mehr ändert. Sie stellen dabei fest, dass man behinderte Menschen oft mit anderen Augen sieht, weil sie behindert sind. Mir wurde auch immer klarer: Egal, welche Sinnesorgane oder Körperteile auch beschädigt sind, mein Denken funktioniert genauso gut wie bei jedem anderen.

So entstand bei mir der Gedanke, „Hey, ich kann zwar derzeit nicht laufen oder schmecken, aber ich bin immer noch dieselbe wie vorher!" Was daran so wichtig sein soll? Nun, ich fühlte mich die ganze Zeit anders, eingeschränkt für mein Leben, mit der Befürchtung, dass es vielleicht für immer so bleiben würde – es waren keine schönen Gedanken. Ich überlegte nun: „Wenn ich das eine nicht machen kann, so gibt es doch auch andere Dinge."

Es war mir wichtig, wieder etwas zu tun, worin ich gut und erfolgreich war, um mein Selbstbewusstsein wieder aufzubauen. Ich brauchte mehr Sicherheit. Ich wollte wieder das Gefühl in mir tragen, ein Mensch zu sein, der etwas Besonderes aus seinem Leben machen kann. Während dieser Zeit war ich noch nicht so beweglich und ich suchte nach Ideen für mich im Internet - einfach mal so, ohne Plan und sinnvolle Vorgehensweise.

Relativ schnell war meine Motivation wieder dahin und ich schaute mir ein paar Videos an. Nach einigen lustigen bis lächerlichen Filmchen bekam ich vom Portal einen Vorschlag für ein bestimmtes Video: Die Hauptperson darin war Nick Vujicic.

Ich sah einen Mann ohne Arme und Beine, der einen Vortrag vor Schulkindern über das Leben hielt. Ich war zuerst beeindruckt, dann aufgewühlt und zum Schluss habe ich geweint, aber nicht aus Traurigkeit, sondern aus Freude.

Wenn ein solcher Mensch sagt: „Egal was kommt, verliere niemals den Mut und sage dir immer wieder, ich werde es schaffen, dann wirst du auch dein Ziel erreichen. Wenn man sich natürlich vor Augen hält, was man alles nicht schaffen kann, weil man nicht über die notwendigen körperlichen Fähigkeiten verfügt, dann wird man es auch nicht schaffen."

Motiviert begann ich nun, meine vorhandenen Fähigkeiten zu nutzen. Das Fotografieren war mir geblieben, und so begann ich mit meinem Projekt PHOTO ART° by Rosemarie Hofer.

Mein Mann unterstützte mich dabei in Form von Lob und manchmal auch mit einem „Aufrüttler". Er bestärkte mich, auch wenn zu diesem Zeitpunkt niemand wissen konnte, was es bringen würde, denn zunächst war es nur Therapie. Mit der Zeit begann ich, Gefühle in meine Bilder zu packen und machte mehr und mehr, bis mein Mann mich fragte, ob ich die Bilder denn nun auch mal ausstellen wollte – ja, ich wollte.

Bis heute hatte ich bereits fünf Themenausstellungen und bin unter anderem bei der weltweit führenden Online-Galerie gelistet.

Unmögliches erreichen

Um das zu erreichen, was für mich notwendig war, musste ich zuerst grundlegende Dinge tun.

Um das zu erreichen, was für mich möglich war, musste ich zuerst mehr als grundlegendes Engagement an den Tag legen.

Um das zu erreichen, was unmöglich schien, musste ich das Mögliche tun und den Glauben an mich und an meine Zukunft leben!

Das Schönste und Höchste

Wissen Sie, wie schwer es mir manchmal fällt, mich ausschließlich auf einen Teil meines Lebens zu konzentrieren? Ich meine nicht einfach nur einen Tagesabschnitt oder eine einzelne Aufgabe, das schaffe ich schon. Mir geht es um einen umfassenden, echten Teil meines Lebens: den Körper, den Geist und die Seele.

Ich habe einmal eine Zeitlang versucht, extrem viel für meinen Körper zu tun, ich gönnte mir sehr gesunde Nahrung, viel Sport und Schlaf. Krank wurde ich trotzdem.

Dann habe ich gedacht, ich muss mich mehr um meinen Geist kümmern und habe viel gelesen, nachgedacht und gelegentlich philosophiert. Trotzdem wurde ich krank.

Nun begab ich mich an die Seele und meditierte, affirmierte, gönnte mir Ruhe, wo ich nur konnte. Trotzdem wurde ich krank.

Spätestens jetzt erkannte ich, dass man nicht nur mit einem Aspekt des eigenen Lebens wirklich leben kann. Es braucht alle drei, so ausgeglichen wie es nur möglich ist.

Alle drei, der Körper, der Geist und die Seele, müssen ihre Ausdrucksform finden und beibehalten. Es scheint also nicht so gedacht zu sein, dass man die Seele hervorhebt und Körper und Geist verleugnet. Genauso, wie es falsch ist, nur für den Geist zu leben und ihn zu nähren und Körper und Seele zu negieren.

Ich habe in den letzten Jahrzehnten viele Menschen kennengelernt – einige davon konzentrierten sich nur auf einen Aspekt ihres Daseins und versuchten mir die Vorteile zu erklären, aber ich hatte bereits eigene Erfahrungen.

Einige dieser Erfahrungen sind, dass ich mich körperlich nicht sehr wohlfühle, wenn ich friere, weil ich keine passende Kleidung, keine eigene Wohnung habe. Auch fällt es mir sehr schwer, etwas für meine geistige Entwicklung zu tun, wenn ich mir kein Buch kaufen oder künstlerische Werke ansehen kann, wenn mir das Geld fehlt oder ich mir die Fahrt nicht leisten kann. Auch lebt und liebt es sich leichter, wenn meine Seele mit weniger Sorgen belastet ist.

Für viele Menschen ist das Thema Reichtum meist negativ belegt, nur für wenige positiv.

Jeder verbindet damit etwas anderes, was auch völlig in Ordnung ist, aber eines sollte dabei in der heutigen Welt jedem bewusst sein: Das

Schönste und Höchste ist, anderen zu helfen, sich selbst Gutes zu tun. Allerdings müssen Sie dann auch reich an Ressourcen sein!

Diesen Reichtum gibt es nicht kostenlos, Sie müssen ihn erwerben. Ob Sie nun ausreichend Geld benötigen oder ausreichend Wissen, oder ausreichend mentale Stärke, all das kommt nicht von alleine.

Mit diesem Wissen und der dazu passenden Einsicht ist es jedem möglich, alle seine Lebensbereiche reicher zu gestalten und so seine schönste und höchste Aufgabe zu erfüllen.

Es ist also völlig in Ordnung, Reichtum anzustreben, es ist nichts Falsches oder Verwerfliches daran. Wer einem das weismachen möchte, hat, so glaube ich, das Leben selbst nicht ganz verstanden, denn es ist immer zu differenzieren, was Reichtum bedeutet und was man damit erreichen kann.

Reichtum ist für mich Entwicklung. Entwicklung auf allen Bereichen ist gut und uns von Geburt an mitgegeben.

Die falsche Rolle

Es heißt, dass am Anfang einer Handlung der Mut steht, also haben Sie den Mut, Sie selbst zu sein!

Wenn Sie jemand anderen darstellen, der Sie nicht sind, spielen Sie nur eine Rolle, die selbst die besten Schauspieler der Welt nur über Stunden oder Tage authentisch zu spielen vermögen.

Wieso kommen Sie darauf, eine Rolle ein Leben lang spielen zu können, ohne unaufrichtig, aufgesetzt und falsch zu wirken und sich zu fühlen?

Die Darstellung meiner selbst

Ich gehe sehr gern ins Theater – Sie auch? Mir macht es große Freude, auch sogenannte Einpersonenstücke zu sehen, bei denen sich ein- und derselbe Schauspieler in den verschiedensten Rollen zeigt. Solche Darstellungen sind wundervoll und für die Schauspieler sichtbar anstrengend. Es ist ja schon schwierig, eine Rolle zu spielen, ohne seine eigenes Wesen zu verleugnen, jedoch trotzdem jemand ganz anderen darzustellen. Wenn man dann auch noch viele verschiedene Rollen unterschiedlich interpretieren soll, ist es schon eine enorme geistige wie auch körperliche Anstrengung.

Ich denke, Sie stimmen mir zu, wenn ich behaupte, dass es nicht viele Schauspieler gibt, die so etwas leisten können.

Nur, wie kommen denn so viele Menschen auf den Gedanken, dass sie es in ihrem eigenen Leben können, und zwar dauerhaft?

Ein Schauspieler baut in seiner Rolle zuerst immer auf einem klar definierten Selbstbild und dann auf einem neu definierten Fremdbild auf, nur machen das die meisten „normalen"

Menschen eben nicht. Haben Sie sich schon mal Gedanken über Ihr eigenes Selbstbild gemacht? Wahrscheinlich nicht!

Ich zumindest habe mir darüber früher keine Gedanken gemacht, noch habe ich geahnt, dass ich sie mir machen sollte. Heute weiß ich, dass jeder Mensch ein solch detailliertes Selbstbild von sich hat. Das Problem jedoch ist, dass viele ihr Selbstbild nie erforscht und verstanden haben. Wenn doch, können sie nicht sicher sein, ob es wirklich das ihre ist.

So ein Selbstbild ist zuerst einmal eine Anhäufung von Meinungen, ein Durcheinander von Tatsachen, ein Paket voller Wahrnehmungen und eine Menge von Annahmen über sich selbst. Unser ganzes Leben lang tragen wir nun dieses Selbstbild in verschiedenen Varianten mit uns herum.

Es ist für uns wichtig, zu verstehen, dass wir auch gerade jetzt, in diesem Augenblick in unserem Unterbewusstsein ein bestimmtes Bild von uns haben. Nur sind Sie sich dessen bewusst und kennen Sie es eigentlich?

Haben Sie sich schon einmal selbst beschrieben und gemalt, nicht im Geiste sondern auf Papier, in Schriftform und Bild?

Tun Sie es einmal, Sie werden sich wundern, wie schwer es ist, zum einem überhaupt etwas auf Papier zu bringen und dann noch in einem gesunden Verhältnis von positiven und negativen Beschreibungen.

Wenn Sie es jedoch tun, werden Sie feststellen, welche Meinung Sie wirklich von sich haben, welche Wahrnehmungen Sie als Wahrheit über sich ansehen, welche Tatsachen Sie als solche ansehen und welche Annahmen sich dann als wirklich richtig erweisen.

Sie werden feststellen, dass all diese Annahmen, Wahrnehmungen, Tatsachen und Meinungen Ihre Welt beeinflussen, Ihr eigenes Verhalten, Ihre Reaktionen auf das Verhalten von anderen und vieles mehr.

Dies – Ihr Selbstbild – existiert derzeit so, wie es ist, und bestimmt Ihr Leben. Alles, was Sie fühlen, jede Aktion oder Reaktion auf Ihr Leben, entspringt Ihrem Quell, Ihrem Selbstbild. Es ist also enorm wichtig, zu wissen, welches Selbstbild man hat.

Fragen sie sich:

Ist es womöglich gar nicht das meine? Habe ich vielleicht ein Selbstbild, welches nicht meinem Wesen entspricht? Sie sollten es herausfinden.

Ein Mensch mit einem Selbstbild, das voller Vertrauen auf seine eigene Stärken ist, handelt anders als jemand, dessen Selbstbild vom Selbstvertrauen eines anderen bestimmt ist.

Was Sie über sich selbst glauben, ist das, was Sie ausstrahlen und wie Sie handeln, es ist Ihre persönliche Realität.

Fantasie ist heldenhaft

Fantasievolle Menschen haben es oft schwer im Leben, bei den Mitmenschen,

denn viele Menschen, die es verlernt haben, so zu sein, sehen in der Fantasie nur eine Flucht vor der Wirklichkeit.

Jedoch ist es so, dass die Fantasie dazu dient, eine andere Welt zu erschaffen und somit sind die fantasievollen Menschen wie Helden unserer Zeit zu sehen, die sich nicht mit dem Gegebenem abfinden.

Grenzen überwinden

Ich glaube schon, dass viele unter uns Angst vor ihrer eigenen Fantasie haben. Wie sonst ist es zu erklären, dass es diese engen Grenzen im Denken gibt?

Vielleicht ist es ja die Angst vor dem Überwinden der Grenzen und der damit verbundenen Unsicherheit? Eines der bildhaftesten Beispiele dafür, Grenzen zu überwinden, ist, sich der jüngeren deutschen Geschichte zu erinnern.

Viele Jahrzehnte nutzten Menschen aus dem Osten Deutschlands, der ehemaligen DDR, ihre Fantasie, um die Grenze zwischen beiden deutschen Staaten zu überwinden. Sie ersannen unglaubliche Fluchtpläne, gruben Tunnel, sie fuhren mit selbstgebauten Ballons, sie paddelten mit dem Surfbrett über die Ostsee oder wanderten über die Mongolei nach China bis in die deutsche Botschaft.

Alle diese Leute haben die Grenzen zuerst einmal überwunden, eingerissen wurden sie dann später von der Masse der Menschen und ihrem Willen. Ähnlich kann man auch die Grenzen in seinem Kopf überwinden, man muss sie nicht gleich alle einreißen.

Hier liegt wahrscheinlich der Fehler, denn viele Menschen denken, sie müssten alle Grenzen ihres Denkens mit einem Mal abbrechen. Ich glaube das nicht.

Es genügt vollkommen, zuerst eine seiner Grenzen zu überwinden. Seit ich so vorgehe, verschwinden nach einer gewissen Zeit manche Grenzen automatisch, sie sind irgendwann einfach nicht mehr da. Ich merke es daran, dass ich mich im Grunde nicht mehr daran erinnere. Erst wenn man mich darauf anspricht, weil jemand selbst solche Grenzen in seinem Denken hat, fällt es mir auf, dass es mir früher genau so erging.

In vielen Bereichen meines Lebens habe ich diese Fantasie genutzt. Man sagte mir, ich solle wegen der Chemotherapie bereits frühzeitig eine Perücke kaufen. Ich lehnte das mit der Begründung ab, dass ich meine Haare auf dem Kopf behalten würde und begann mich immer wieder im Spiegel anzusehen. Ich sah nicht wirklich mich mit meinem von den Medikamenten aufgedunsenen Gesicht nach der OP mit den strähnigen, gefärbten Haaren, sondern ich sah immer wieder die schöne Ausgabe von mir, schlank, mit natürlichen, kräftigen Haaren. Mit dieser Vorstellung – und dazu brauchte ich jede Menge Fantasie, wenn ich die Fotografien von damals sehe – ging ich jeden Tag sogar mehrfach vor den Spiegel.

Das Ergebnis war, dass mir alle möglichen Haare ausfielen, nur die Haare auf dem Kopf blieben. Die Grenze „Haarausfall" wurde mir von den Ärzten, Medien und Bekannten vorgegeben, mit den Worten: „Deine Haare fallen alle aus" und ich sah diese Grenze nicht. Ich habe sie schlichtweg missachtet, sie war nicht präsent für mich.

Aus dieser Erfahrung habe ich gelernt, immer nur eine Grenze nach der anderen zu überwinden. Ich stelle mir immer vor, was mich hinter der Grenze erwartet und ich stelle es mir schön vor. Wenn ich es mir mit Angst vorstellen würde, bleibe ich doch lieber dort, wo ich bin.

Grenzen zu überwinden macht Freude, es stärkt das Selbstbewusstsein und das Selbstbild. Ich kann es nur jedem empfehlen, überwinden sie die Grenzen in ihrem Denken, führen sie ein spannendes Leben, dann ist es auch ein wunderschönes!

Steine lassen mich wachsen

Manchmal stelle ich mir vor, dass der ganze Mist, den ich in den letzten Jahren und Jahrzehnten gemacht habe, all die schlechten Dinge, die ich erlebt habe, lauter kleine Steine sind.

Diese lege ich alle aufeinander und daraus wird dann ein ganz ansehnlicher Hügel.

Ich stelle mich darauf und fühle mich ein ganzes Stück größer, gewachsen, irgendwie ein gutes Gefühl!

Wachstum als Lebensformel

Wachstum, das ist eher eine Formel als ein Wort für mich geworden. Wachstum im Denken, Wachstum im Handeln, es gehört zu mir. Früher dagegen fand ich Stillstand ganz gemütlich, einfach und praktisch.

Es ist schon eine Zeitlang her, als ich zu meditieren, mich für Qi Gong und Yoga zu interessieren begann. Damals fiel mir auf, dass oft auf Büchern zu diesen Themen Steine abgebildet waren. Ich bekam zu einem Geburtstag von einer Mitarbeiterin ein Tasse geschenkt, mit einem Zen-Zitat und einer Steinabbildung. Immer öfter begegneten mir nun die Steine.

Eines Tages ging ich an der Isar entlang und sah Kinder ein paar Steine übereinander legen, sodass sie aussahen wie kleine Steinfiguren. Die Steine haben es mir seitdem angetan. Ich sammelte ein paar und nahm sie mit in unsere Münchner Wohnung.

Zu Hause angekommen, überlegte ich, was ich denn nun mit den Steinen anfangen sollte. Eine meiner Ideen war, auf jeden Stein etwas zu schreiben: die negativen Dinge meines Lebens, die ich loswerden wollte. Ich plante, sie am nächsten Tag wieder in die Isar zurückzuwerfen. Dann verwarf ich diese Idee, denn ich wollte nicht, dass andere diese negativen Dinge später wieder aufsammelten. Ich überlegte noch lang an diesem Abend, bis ich vollkommen müde ins Bett ging.

Am Morgen hatte ich das Gefühl, ich müsste doch die Idee des Vorabends in Teilen wieder aufgreifen, allerdings mit einer kleinen Änderung. Ich beschriftete die Steine mit den negativen Dingen, die ich loswerden wollte, aber auch mit Dingen, die ich einfach nur „parken" wollte. Dann nahm ich ein paar alte Schuhe, die ich eigentlich hatte wegwerfen wollen und sprühte sie mit einer Goldfarbe ein. In diesem Fall war ich meinem Mann dankbar, dass er sich oft schwer damit tut, Dinge wegzuwerfen (man könnte sie ja nochmal brauchen und in diesem Fall war ich ausnahmsweise dafür auch dankbar.)

Nun klebte ich die Schuhe auf ein ca. 40x50cm großes Brett. Als nächstes nahm ich die Steine mit der Beschriftung meiner negativen Dinge, die ich im Leben hinter mich gebracht hatte und klebte sie in die Schuhe. Die Schuhe waren schnell voller Steine, alle sorgfältig aneinander geklebt. Die restlichen Steine klebte ich links und rechts neben die Schuhe. Ich holte noch mehr Steine von der Isar und beschriftete sie. Dann klebte ich auch diese auf die „Schuh-Stein-Hügel". Zum Schluss nahm ich ein Brett, welches ich wiederum auf den linken und den rechten Hügel klebte.

Ich hatte am Anfang nicht gewusst, was das werden sollte, doch nun sah ich meine Schuhe, deren Inhalt so schwer wog, dass ich mich nicht mehr wunderte, so viele Jahre nicht leicht gegangen zu sein, wie ich es hätte tun sollen. Es war ja alles viel zu schwer gewesen. Dann sah ich das Brett und erkannte die Brücke zwischen meinen „geparkten" negativen Dingen. Ich stellte mich auf sie.

Alles war noch da, ich hatte alle negativen Dinge noch, nur hatte ich sie nicht wirklich behalten, denn ich stand nun über ihnen. Ich war und fühlte mich leicht, ich fühlte mich gut und ich fühlte, dass ich einen besseren Überblick hatte, wenn ich von dort oben herab sah. Ich war mit diesen vielen Herausforderungen, diesen vielen Steinen gewachsen.

Nein ist nur ein weiterer Schritt

Falls du wie ich und jeder andere, den ich kenne, schon mal eine Absage oder ein Nein zu hören bekommen hast, dann wirst du es, wie wir anderen alle auch, akzeptieren und weiter deinen Weg gehen müssen.

Ich habe mir angewöhnt, mich bei jeder Absage, jeder vermeintlichen Niederlage und jedem Nein daran zu erinnern, was ich alles überwunden habe, um privat und geschäftlich so erfolgreich zu sein, wie ich es heute bin.

Ja ist einfach schöner

Jeden Tag hört oder liest man von Menschen, die erfolgreich sind, genauso wie von denen, die es nicht sind. Es gab Zeiten in meinem Leben, da konnte ich für mich nicht einordnen, wer ist denn das eine oder das andere. Es war mir zu extrem.

Für mich selbst hatte ich ja auch keine Idee, wie ich Erfolg hätte jemand anderem erklären können. Für mich war alles sehr leicht verlaufen, denn ich hatte durch meinen Vater problemlos nach meiner Schulzeit eine Lehrstelle bekommen, von der ich nicht mal wusste, was ich dort überhaupt zu tun hatte. Glücklicherweise gefiel mir der Beruf als Fotolaborantin sehr gut, sodass ich im Anschluss noch eine weitere Ausbildung zur Fotografin machte, im gleichen Betrieb natürlich.

Auch als ich erstmals Mutter wurde, konnte ich dort halbtags weiterarbeiten. Wenn ein Kunde mal nicht zufrieden war mit seinen Bildern oder mit einer Kamera, habe ich mich nur in dieser Zeit als der Kunde anwesend war besonders intensiv damit beschäftigt, es hat mich danach nicht weiter belastet, ich sah es nicht so eng.

Alles klappte ganz prima. Eines Tages allerdings geriet mein Arbeitsplatz in Gefahr, denn meine Arbeitgeber wollten aus Altersgründen entweder verkaufen oder schließen.

Ich kam in die für mich schwierige Situation, dass ich aus meiner ruhigen, entspannten Komfortzone heraus und mich entscheiden musste, ob ich das Studio übernehmen wollte. Nach einigem Hin und Her entschied ich mich dafür, denn was sollte denn schon schiefgehen. Ich dachte mir: „Ich mache einfach so weiter wie bisher und dann ist doch alles prima." Das Neue an meiner Situation war jedoch, dass jedes Nein eines Kunden mir nun fast wehtat. Es wurde zu einer persönlichen Niederlage!

Es war jetzt nicht mehr so egal wie vorher, ob ein Kunde kaufte oder nicht. Jedes Nein deprimierte mich und meine Laune änderte sich, ich baute mir selbst Druck auf und versuchte nun mit diesem Druck, die Neins in Jas zu verwandeln. Ich sage es Ihnen lieber direkt, das funktioniert überhaupt nicht! Vielleicht klappt es kurzfristig bei dem ein oder anderen Kunden, nur sehen Sie den bald nicht mehr wieder. Ein Nein persönlich zu nehmen, verändert alles an Ihnen, Rhetorik, Mimik, Gestik und Körpersprache. Lange habe ich es nicht verstanden und suchte die Schuld bei den Kunden, bei den Mitbewerbern, bis ich es irgendwann kapierte. Wenn ich nicht lernte, mich über ein Ja zu freuen und ein Nein einfach zu akzeptieren, anstatt es als persönliche Beleidigung zu sehen, dann würde meine kleine Firma schnell schließen müssen.

Ich musste mich entscheiden, worauf ich mich konzentrieren wollte, auf ein jammervolles Nein oder ein motivierendes Nein, welches mich darin bestärkte, neue Wege zu durchdenken, aktiver zu sein. Ich lernte, ein Nein als Ansporn zu sehen, es besser zu machen. Mit dieser Einstellung wurde für mich das Wort Nein zu einem motivierenden Wort. Und das Beste daran: das Wort Ja, vorher ein angenehmes Wort, wurde jetzt zu einem sensationell guten Wort.

Wo ich in meinem Geschäft zuvor schlechte und gute Erlebnisse hatte, waren es nun gute bis hervorragende. Die gleichen Worte, aber eine ganz andere Grundstimmung. Wenn ich heute ins Geschäft fahre, können Sie mir glauben, habe ich eine ganz andere Laune als zu den alten Zeiten, denn ich weiß, heute wird mindestens ein guter Tag.

Individuelle Reiseleitung

Für mich ist das Leben eine ununterbrochene Reise und das Ende dieser Reise und meines Lebens kann ich nicht vorhersagen.

Was ich jedoch kann, ist, diese Reise beeinflussen, durch meine Gedanken und durch meine Entscheidungen, denn sie definieren den Reiseleiter in mir.

Wenn ich

Sie kennen bestimmt auch solche Sätze wie „Wenn ich erst mal eine wundervolle Beziehung habe, dann bin ich auch glücklich" oder „Wenn ich erst mal den Traumjob habe, dann bin ich auch glücklich". Ich zumindest kenne diese Art Sätze aus meinen Gedanken. Ich habe sie früher sehr oft in den verschiedensten Varianten ausgesprochen.

Nun, ich habe viel überlegt und dabei eine geistige Reise in die Vergangenheit gemacht. Was ich dort bei allen meinen Entscheidungen immer wieder erkannte, war, dass ich meine scheinbar besten dann getroffen hatte, wenn ich gerade glücklich war, beziehungsweise mich glücklich fühlte.

Ich erinnerte mich daran, welche Gründe denn noch vorhanden waren, da ich ja dachte, um glücklich zu sein, müssten einige Dinge zusammen kommen, wie ein toller Job, ein wundervoller Freund an meiner Seite, ausreichend Geld als Sicherheit oder, oder, oder.

Dabei fiel mir auf, dass manches davon auch der Fall war, aber eben nicht immer. Die wirklich wichtige und immer wiederkehrende Komponente war: Ich war bei den guten Entscheidungen auf irgendeine Weise glücklich. Ich fragte mich: Kann es sein, dass zuerst das Glück kommt und dann das vermeintlich Glücklichmachende? Das heißt, ich bin zuerst glücklich und dann kann ich auf die erhofften Situationen, Geschehnisse und Personen hoffen?

Ich forschte weiter und schrieb ab dem Zeitpunkt immer auf, wann ich mich glücklich fühlte. Ich versuchte das zu begründen, was nicht immer gelang, denn manchmal fühlte ich mich einfach so glücklich. Mit der Zeit bemerkte ich, dass es ein vermehrtes Aufkommen an schönen Dingen gab, die danach meine Lebensreise verschönerten.

„Wenn's läuft, dann läuft's", sagt man bei uns gern und ich kann dem nur zustimmen. Allerdings läuft es eben nicht ewig. Es gab bei mir dann auch wieder eine Phase, da lief es eher in die andere Richtung und ich empfand das Glück nicht mehr. Trotzdem schrieb ich weiter meine Erlebnisse mit, ganz automatisch.

Natürlich änderte sich auch diese schlechte Phase wieder und es kam eine glückliche Phase, in der ich alles nochmals zu lesen begann, was ich in den vergangenen Jahren notiert hatte. Was mich dabei erstaunte, war, dass ich in der schlechten Phase viele Momente beschrieben hatte, die in meinen glücklichen Phasen ähnlich vorkamen, aber von mir anders wahrgenommen wurden.

Ich verstand, dass mein Denken der Faktor war, eine Situation einzuschätzen, so oder anders. Auch wenn es eine vergleichbare Situation war, konnte ich sie einmal schön und beim anderen Mal weniger schön empfinden - ich habe meiner Wahrnehmung die Wahl gelassen, ob ich glücklich bin oder eben nicht!

Das brachte mich auf den Gedanken, dass ich doch die Herrin meiner Gedanken sein oder zumindest werden sollte. Wenn ich nun meine eigenen Gedanken kontrollieren und steuern konnte, dann würde ich entscheiden, wann ich glücklich bin und insgesamt bessere Entscheidungen für mich fällen.

Außerdem empfand ich unglücklich sein als nicht erstrebenswert. Und ich merkte, dass ich mich viel gesünder fühlte, wenn ich glücklich war.

So kam es, dass ich seit jenem Tag mit einer Übung beginne, die mir vermittelt, dass ich glücklich bin. Wenn ich morgens wach werde, sage ich mir dreimal drei Worte.

Mein Unterbewusstsein hat sie mittlerweile übernommen:

Ich bin glücklich,

ich bin glücklich,

ich bin glücklich!

Gewohnheiten

Manchmal sehe ich meine Gewohnheiten an und erkenne darin einen Stock, eine Krücke oder den Handlauf eines Geländers.

Für eine gewisse Zeit geben sie mir ein Stück Sicherheit, wenn ich jedoch frei losrennen möchte, muss ich sie loslassen.

Sichere Entscheidungen

Ich liebe sie, die vermeintlich sicheren Zeiten und Seiten meines Lebens. Warum vermeintlich? Sichere Zeit empfinde ich immer als sehr beruhigend und entspannend, wobei ich weiß, dass es keine wirkliche Sicherheit im Leben gibt.

Niemand kann sicher sein, gesund zu bleiben. Niemand kann sicher sein, immerwährend genug Geld für Nahrung, Kleidung und Wohnung zu haben. Niemand kann sicher sein, dass der Partner für immer derselbe bleibt, sei es, dass er sich neu verliebt, sei es, dass er erkrankt und sich sein Wesen dadurch ändert oder dass er einen Unfall hat.

Nichts im Leben ist so sicher wie die Unsicherheit darin – wenigstens haben wir somit eine absolute Sicherheit. Seit ich das für mich „entdeckt" habe, habe ich gelernt, mich schneller für etwas zu entscheiden. Was soll denn schon passieren, außer dass es eine Entscheidung ist, die ich vielleicht zehn Minuten später anders getroffen hätte, da sich die Situation plötzlich verändert hat, nur kann ich ja nicht in die Zukunft schauen. Nicht, dass eine gewisse Unentschlossenheit nicht auch seine Vorteile hätte, denn man braucht für manche Entscheidungen Muße, denn jeder Mensch ist individuell anders, reagiert anders auf verschiedene Situationen. Diese Muße hilft uns dabei, die Situation, die uns beschäftigt, zu überdenken, sie einzuschätzen.

Nur braucht es dann auch wieder den Mut, diese Unentschlossenheit abzulegen und sich zu entscheiden. Ich habe in meinem bisherigen Leben festgestellt, dass die spontanen Entscheidungen nicht unbedingt immer die besten waren, allerdings die, bei denen ich sehr lange gezögert habe, auch nicht. Am schlimmsten jedoch waren die Entscheidungen die ich aussitzen wollte und die ich von anderen treffen ließ.

Jahrelang war ich es gewohnt, andere entscheiden zu lassen, da ich so glaubte, nicht die Folgen verantworten zu müssen. Das stellte sich leider als Trugschluss heraus.

Die Gewohnheit, Entscheidungen anderen zu überlassen, sei es nun im privaten Umfeld oder im geschäftlichen, hat mir nicht die gedachte Sicherheit gebracht, sondern dauerhaft das Gegenteil. Sicherheit hat weniger mit Faulheit zu tun, sondern eher mit Ängsten.

Viele Menschen suchen die Sicherheit und wollen Entscheidungen vermeiden, weil es ihnen am Selbstvertrauen fehlt. Sie haben schlichtweg Angst, dass das, was sie entscheiden, nicht funktioniert, dass sie sich falsch entscheiden, dass es so bestimmt nicht gelingen kann.

Wenn man jedoch eine Phase der Unentschlossenheit nutzt und über sich und seine Ängste nachdenkt, wird man feststellen, dass es für diese Ängste keine logischen Gründe gibt.

Kein Problem ist so schwerwiegend, schwerwiegend sind die Gedanken, die wir uns darüber machen. Unsere Art zu denken macht es erst zu einem angsterfüllenden Problem.

Es hat nichts mit der eigenen Unfähigkeit zu tun, nicht mit eigenen Unzulänglichkeiten sondern nur damit, wie wir über das jeweilige Problem denken.

Wenn wir glauben, dass jede Entscheidung einen Unsicherheitsfaktor für unser Leben darstellt, dann wird es auch so sein. Dieses Denken bewerten wir gleichzeitig als Wissen, und Wissen ist für uns Fakt – wenn Sie wollen, in Stein gemeißelt.

Wenn wir es jedoch schaffen, unsere Gewohnheiten zu ändern, was wir durch eine Veränderung unseres Denkens über diese Gewohnheiten können, dann sind wir auch in der Lage, andere Dinge in unserem Leben neu zu überdenken und somit zu verändern.

Verlierer, Gewinner und ich

Manche Menschen glauben, als
Verlierer auf die Welt gekommen zu
sein.

Andere Menschen glauben, als
Gewinner auf die Welt gekommen zu
sein.

Ich dagegen glaube, dass ich auf die
Welt gekommen bin, um meinen Weg
zu wählen, meine Entscheidungen zu
treffen und meine eigene Definition
für das Verlieren und das Gewinnen
zu erstellen.

Kurz:
Ich bin hier, um mein Leben zu leben.

Verlieren – gewinnen – verantworten!

Eine Erfahrung wird mir täglich zuteil: Ich muss immer wieder neu akzeptieren, dass ich selbst die Verantwortung dafür übernehme, was aus meinem Leben werden soll. Auch heute noch erwische ich mich ständig dabei, dass mir irgendwer einfällt, der an irgendetwas schuld ist oder für irgendetwas die Verantwortung trägt und ich deshalb ... – genau diese Gedanken unterbinde ich mittlerweile jedoch meist erfolgreich.

Wenn sie in ihrem Job nicht klar kommen oder sich nicht wohl fühlen, hat es meist Gründe. Entweder sie haben etwas anderes gelernt und möchten diesen Job gar nicht ausüben oder sie fühlen sich unbehaglich, wenn sie an bestimmte Konsequenzen ihrer Arbeitsergebnisse denken, die sie nicht wirklich überblicken. Doch das liegt nicht am Job sondern an mir und meinen Gedanken – der Job ist – ich denke. Es bleibt mir überlassen, ob ich ihn weitermache oder nicht.

Wenn meine Beziehungen jedes Mal wieder zerbrechen, ich schier verzweifle und nur auf die nächste hoffe, dann sollte ich mir einmal überlegen, ob es nicht auch etwas mit mir zu tun hat. Sei es, dass ich mir einfach die falschen Partner aussuche, dann muss ich eben lernen, eine bessere Menschenkenntnis zu entwickeln. Vielleicht ist es ja auch mein Umgang mit meinen jeweiligen Partnern, dass sie immer nach einer gewissen Zeit das Interesse an mir verlieren.

Dann steht es mir doch frei, mir Gedanken über mein Selbstbild zu machen. Denn meist steckt ein falsches Bild von mir und meinen Möglichkeiten dahinter. Wenn ich über mein Leben im allgemeinen dauerhaft unglücklich bin, stellt sich auch hier die Frage, warum ich mich so sehr auf mein unglückliches Leben konzentriere.

Man kann seine eigene Zeit für vielerlei nutzen, somit auch dazu, einen gegensätzlichen Gedanken auszuprobieren. Ich habe für mich entschieden: „Ja, ich bin für mein Denken, meine Entscheidungen, meine Ergebnisse verantwortlich!"

Früher war es so, dass ich in den seltensten Fällen die Verantwortung bei mir gesehen oder gesucht habe. Das führte zu einer falschen Einschätzung meiner Probleme, verschiedener Ereignisse und Lebensergebnisse. Gehe ich nun von einer falschen Basis aus, wie soll ich dann meine Probleme richtig lösen, wie soll ich meine Ereignisse richtig genießen, wie soll ich meine Ergebnisse richtig beurteilen können?

Ob es mir nun gefällt oder nicht: Wenn ich von einer falschen Ausgangsbasis ausgehe, kann das Ergebnis nicht gut werden. Natürlich weiß ich, wie schwer es ist, die meisten Probleme direkt mit sich und seinen Entscheidungen in Zusammenhang zu bringen, oder besser – in Zusammenhang bringen zu wollen.

Wer sich selbst davon überzeugt, ein Verlierer zu sein, wird garantiert keine Erfolge feiern. Wenn Sie glauben, dafür können Sie nichts, denn die anderen haben Sie immer fertig gemacht, lassen Sie es zu, dass die anderen Sie zu einem Verlierer machen, jedoch nur, weil Sie auch daran glauben.

Erst wenn sie ihr Innerstes analysiert und selbst die Verantwortung für ihre Erfahrungen und Ergebnisse übernehmen, werden sie auch das Verliererdenken, ihre Opferrolle, los. Mit der Verantwortung beginnt ein eigenständiges Leben – ihr Leben.

Träume und Sterne im Herzen

Immer wieder sehne ich mich danach,
etwas zu erreichen.

Etwas, was andere als Träumerei betrachten, als
sinnlosen Griff nach den Sternen.

Zu allen Zeiten kamen die großen Ideen und
Visionen zuerst aus dem Herzen, dann als Bild in
die Gedanken und wurden so das Motiv für die
Anstrengung, das Unerreichbare zu erreichen.

Die Sonne und die Nacht

Während ich schreibe, überkommt mich ab und zu das Gefühl, dass ich träume. Ich sitze dann vor meinem Computer, schaue links daran vorbei, denn dort kann ich durch ein Fenster in den Garten sehen. Ich erkenne das saftig grüne Gras, ich sehe die kräftigen Bäume, den strahlend blauen Himmel und die weißen Kumuluswolken. Zurück mit den Augen im Zimmer schaue ich mich um und erblicke einen Farbdrucker, Papier, Stifte, ein Telefon und vieles mehr.

Ich überlege, wie diese Dinge wohl verbunden sind, denn dass sie es sind, da bin ich mir sicher, nur wie erkläre ich es? Ich glaube, ich beginne auf meine ganz eigene Art - mit meiner Vision, irgendwann einmal ein Buch zu schreiben. Nicht einfach nur ein E-book zu veröffentlichen, nein, ich möchte ein eigenes Buch, auf Papier gedruckt, in Händen halten. Nur, wie verbinde ich nun meine Vision mit der Sonne, die ich gerade draußen sehe oder dem Papier auf meinem Schreibtisch?

Ich stehe auf, nehme ein beliebiges Buch aus

dem Regal und überlege. Sekunden später weiß ich es: In diesem Buch stecken Sonnenstrahlen.

Am Anfang der Entwicklung eines Baumes steht der Samen. Bei einer Eiche ist es die Eichel. Im Frühjahr, wenn die Kälte des Winters überstanden ist, beginnt die Eichel zu keimen. Als erstes erscheint die Wurzel. Rasch wird sie größer und länger und verzweigt sich. Ihre Hauptaufgabe ist es, Wasser und Mineralien aufzunehmen und den zukünftigen Baum fest im Boden zu verankern. Zu diesem Zweck muss die Wurzel tief in den Boden eindringen.

Bald darauf bildet der Keimling seine ersten kleinen Blätter, die er braucht, um selbst Nährstoffe herzustellen und sein Wachstum zu beschleunigen. Das Wasser des Bodens und die dort beinhalteten Mineralien werden nun den Blattadern zugeführt. Wenn die Sonne scheint und es warm ist, wird wieder etwas von dem Wasser in den Blättern zu Kühlung des kleinen Baumes abgegeben, er transpiriert. Der Wasserdampf entweicht.

So geht es Tag für Tag, Woche für Woche, Monat für Monat, Jahr um Jahr. Wenn allerdings die Sonne immerfort scheint, wird es dem Baum zu heiß – er vertrocknet und verdorrt und der kleine Spross verbrennt förmlich.

Also braucht der Baum auch die Nacht. Im Dunklen, wenn es feucht und kühl ist, erholt sich der kleine Baum und das aus dem Boden entnommene Wasser kann in den Blattadern bleiben. Auch ich brauche die Nacht. Sie ist für mich die Zeit des Ruhens, des Sammelns und die Zeit meiner Inspiration.

Alles auf der Welt braucht wohl von allem etwas. Den Tag, an dem wir, von der Sonne gewärmt, große körperliche und geistige Leistungen vollbringen können und die Nacht, in der wir zur Ruhe kommen, uns entspannen und Energie tanken für den darauffolgenden Tag.

Dieser Wechsel zwischen hell und dunkel, warm und kalt sorgt für Wachstum bei allen Lebewesen. Der Baum strebt nach Wachstum, bis er eines Tages gefällt wird. Aus ihm werden vielerlei Produkte für uns Menschen hergestellt, so auch Papier. Dieses Papier nun hilft mir, meine Vision wahr werden zu lassen.

So gibt mir der Baum nicht einfach ein Blatt,

sondern auch die Möglichkeit, mich bei ihm zu bedanken, indem ich durch mein Buch mein Wachstum beschleunige und gleichzeitig verstehe, dass alles um uns herum zusammenhängt.

Das eine bedingt das andere. Die Freude bedingt die Trauer, der Mut bedingt die Angst und Helligkeit die Dunkelheit.

Sinn und Unsinn einer Definition

Mit dem Sinn des Lebens
ist es für mich wie mit dem Erfolg im Leben.

Ich alleine definiere,
was ich unter Erfolg verstehe,
und ich alleine definiere,
was ich als Sinn meines Lebens ansehe.

Wir sind alle individuell
unterschiedliche Menschen
und dann suchen wir alle die gleiche Definition
für Erfolg oder den Sinn des Lebens?

Das ist mal eine gute Definition für Unsinn!

Meine Art des Mitgefühls

Manchmal ist es sehr schwierig für mich, wirklich erfolgreich zu sein. Ich habe verschiedene Vorstellungen darüber, wann ich wo erfolgreich bin oder mich so fühle. Ein Lebensaspekt des Erfolgs, wie ich ihn sehe, ist es, mitfühlend gegenüber anderen zu sein. Sie werden denken, das ist doch einfach – nur, ich habe immer wieder Schwierigkeiten damit.

Meine Definition von Mitgefühl sollte ich zum leichteren Verständnis zuerst einmal erklären. Es geht mir dabei nicht um ein Gefühl von Mitleid, wenn einem Freund oder einer Freundin etwas Negatives widerfährt.

Nein, es geht um ein Gefühl in meinem Inneren, das mir zeigt, dass ich mich auf jeden Menschen, jede Person - egal welcher Herkunft, einlassen und mich mit ihr positiv auseinandersetzen kann.

Mich mitfühlend gegenüber jemandem zu zeigen, den ich gerne mag und auch gut kenne, ist natürlich einfach, aber wie ist es, wenn wir uns nicht mehr so gut verstehen oder uns sogar auseinandergelebt haben? Auch Mitgefühl in schwierigen zwischenmenschlichen Situationen zu haben, ist ein Ziel, welches ich nicht jedes Mal erreiche. Dass es immer besser wird, erkenne ich jeden Tag in meinem Studio. Dort lerne ich ständig neue Menschen kennen, mit neuen Problemen. Es sind Menschen verschiedener Herkunft und verschiedenen Persönlichkeitsstrukturen. Sich darauf einzulassen und all das Gute in ihnen zu sehen, ist dabei mein oberstes Ziel.

Manchmal allerdings fällt es mir schwer und ich muss mich dann daran erinnern, dass der Mensch mir gegenüber immer auch Spiegel dessen ist, was ich in mir sehe. Reagiere ich genervt, kann das natürlich nur passieren, weil ich mich nerven lasse.

In solchen Augenblicken atme ich im Regelfall einige Mal tief ein und tief aus und erinnere mich dabei daran, dass jeder Mensch Probleme hat und darunter leidet, genauso wie ich selbst. Genauso wie ich hat auch jeder andere Mensch das Recht, sein Leid zu überwinden. Genauso wie ich hat jeder das Recht, glücklich zu sein. Mitleid benötigt man dazu nicht, aber das Mitfühlen anderer kann unheimlich motivierend sein, es kann anderen auch in schlimmen Momenten einen Augenblick des Glücks zeigen.

Dieses Mitgefühl verleiht uns für einen bestimmten Zeitrahmen die Möglichkeit, das Leid des Gegenübers zu erkennen, es mit ihm zu teilen, ohne jedoch das Leid zu tragen. Wenn Sie das Leid übernehmen würden wären es zwei die leiden und das ist kein wirklich angenehmes Ergebnis.

Wenn Sie jedoch sein Leid erkennen und dem anderen Menschen Mitgefühl spenden, hat er die Chance, das Leid leichter zu ertragen. Vielleicht kann er dann dauerhaft sogar das Leid besiegen. Mitleid zu haben, mit gebeugtem Oberkörper und dem Gesichtsausdruck: „Sieh her, ich leide mit dir", löst meist auf beiden Seiten ein Gefühl von Unbehagen, vielleicht auch Schmerz aus, was keinem der Beteiligten hilft.

Mitgefühl, aufrecht stehend und fürsorglich, mit ruhigen und eindringlichen Worten vorgebracht, löst dagegen ein Gefühl der Freude, des Glücks und der Gemeinschaft aus. Das gibt den Menschen mehr Kraft, als ich es mir früher hätte ausmalen können.

Pflichten und Verpflichtungen

Ich schenke in den letzten Jahren nicht mehr jedem wohlmeinenden Ratschlag oder Vorschlag meine ungeteilte Aufmerksamkeit.

Ich sortiere sehr genau, welche gut für mich sind oder sein könnten.
Früher habe ich andere entscheiden lassen, wer oder wie ich sein und handeln sollte.

Heute weiß ich, dass es der richtige Weg ist, die und das zu sein, wie oder was ich glaube, wie oder was ich sein möchte.

Alles andere ist eine falsche Auslegung von Pflichten und Verpflichtungen und behindert mich, die zu werden, die ich in Wirklichkeit bin.

Mein neuer Weg – Ursache und Wirkung

Jahrelang habe ich Bücher gelesen, über Religionen, Philosophien, Lebenshilfe, sowie Ratgeber aller Art und viele Sachbücher und glaubte auch das meiste verstanden zu haben, nur wie sah es denn wirklich aus?

Nun, ich kann aus heutiger Sicht schreiben, ich hatte fast nichts verstanden – zumindest nicht das, was wichtig war. Klar war auf alle Fälle: Wenn du jemanden bestiehlst und man dich erwischt, wirst du zur Verantwortung gezogen. Klar war auch, wenn du mit dem Auto mit 120 Stundenkilometern gegen einen Baum fährst, wirst du dir mindestens sehr weh tun und spätestens, wenn du ohne Fallschirm aus dem Flugzeug springst und nach einer gewissen Zeit des sanften Fallens hart auf dem Boden auftriffst, wirst du es mit dem Leben bezahlen!

Was ich jedoch erst heute richtig verstanden habe, ist, dass nicht nur diese vermeintlich klaren Dinge wie eben beschrieben in meiner Verantwortung liegen, sondern eben alles, was ich durch mein Denken, Entscheiden oder Nicht-

Entscheiden auslöse. Ich habe verstanden, dass alles, was ich wie in den vorgenannten Beispielen entschieden hätte zu tun, auch seine Folgen für mich hätte. Man könnte fast sagen, das ist ein Gesetz des Lebens. Was ich vorher jedoch lange nicht verstanden habe, ist, dass dies für alle Bereiche meines Lebens Gültigkeit hat.

Wenn ich nicht verstehe, dass jedwedes Verhalten meinerseits auch bestimmte Konsequenzen nach sich zieht, darf ich mich nicht wundern, dass irgendwann der Tag kommt, dass andere Menschen die Ergebnisse meines Verhaltens für sich ausnutzen. Diese Alternative ist meist schmerzhaft. Daher ist es so wichtig zu verstehen und dieses Wissen zu nutzen.

In der bisherigen Rückschau meines Lebens erkenne ich es sehr genau: Es gibt einen Unterschied zwischen dem menschlichen Leben und dem menschlichen Existieren, zwischen Freude, Trauer, Glück oder einfach nur zu funktionieren. Alles besteht aus Ursache und Wirkung, nicht theoretisch, sondern in der Praxis!

Es ist das Wissen, welches diesen Unterschied ausmacht. Das Wissen, dass es so ist, das Wissen, wie ich mit meinem Wissen umgehe, das

Wissen, wie ich mein Wissen und wann ich es wo einsetze. Das Wichtigste in meinem Leben ist zuerst, herauszufinden, wer ich bin.

Desweiteren die Fähigkeiten, Talente und Chancen, die mir von Geburt mitgegeben sind und wie ich diese in meinem Leben nutzen kann. Der zweite Punkt ist, zu lernen die in meinem bisherigen Leben gemachten Erfahrungen richtig einzuordnen, sie zu nutzen, jedoch Ursache und Wirkung nie aus den Augen zu verlieren. Ich kann mit diesem Grundsatz plötzlich viel mehr Einfluss auf mein Leben nehmen, vor allem in die Richtung, wie ich es selber für richtig, gut und in meinen Augen erfolgreich ansehe.

Seit ich gelernt habe, mein Wissen so einzusetzen, dass mein Leben den gewünschten Verlauf nimmt, habe ich auch immer mehr verstanden, warum es bei anderen auch so geht oder wie mir vorher, eben nicht. Ich glaube, wenn sie jetzt darüber nachdenken, fallen ihnen auch sehr viele Beispiele in ihrem Leben ein, in denen der Grundgedanke an Ursache und Wirkung, eine eigene Entscheidung, das Entscheiden-lassen und deren Ergebnisse, sich sehr unterschiedlich auf sie ausgewirkt haben – bei mir ist das so!

Besser !

Etwas, was ich mir jeden Morgen mit in den Tag
nehme – es ist ein spezieller Gedanke:

„Es kann mir völlig egal sein,
ob ich besser,
größer,
schneller bin als andere,
wichtig ist nur,
dass ich besser bin als gestern."

Wie Menschen Menschen formen

Manchmal habe ich das Gefühl, sehr viele Menschen wissen nicht, dass sie selbst ein Ergebnis ihres bisherigen Lebens sind. Dieses Ergebnis wurde geformt durch sie selbst und durch ihre Mitmenschen. Im Umkehrschluss wird es logisch, dass auch Sie durch ihr Verhalten an der Formung der anderen mitarbeiten.

Die Menschen um Sie herum erlernen Ihr Verhalten und reagieren dann darauf. Umgekehrt wiederum verhalten Sie sich so, dass Ihr Verhalten von den anderen belohnt, geschätzt oder zumindest akzeptiert wird. Das bedeutet, Sie steuern den Umgang anderer mit Ihnen im Grunde selbst!

Jetzt spüre ich bei vielen schon den Widerwillen, an so etwas zu glauben, denn eine Standardfrage höre ich von anderen Menschen sehr häufig: „Warum passiert mir das immer?"

Nun, weil Sie es zulassen! Solange andere Menschen von Ihnen das bekommen, was Sie wollen, und sie bekommen es durch ein bestimmtes Verhalten, warum sollten sie das ändern?

Wenn jemand etwas von Ihnen möchte und Sie ändern nun ihr Verhalten, sodass der andere es nicht mehr bekommt, so muss er sein Verhalten Ihnen gegenüber auch ändern.

Der Mensch lernt schneller, als Sie glauben. Solange er allerdings mit seinem Verhalten durchkommt, weil Sie ihn lassen, wird er nichts ändern, denn er verhält sich so, weil es funktioniert. Es ist bei uns Menschen so, dass nicht das zählt, was Sie denken, sondern was in irgendeiner Form greifbar ist: Ergebnisse – Ergebnisse zählen!

Nur weil Sie sich etwas ausdenken, dann erklären oder durch Lautstärke untermalen, andere gar beschimpfen oder mit vielerlei Konsequenzen drohen, solange Sie Ihr eigenes Verhalten entsprechend Ihrem Vorhaben nicht verändern, wird sich auch nichts ändern.

Wenn Sie also von anderen Menschen Ihr Leben lang nicht so behandelt wurden, wie Sie es wünschen, ist es Ihre Aufgabe, herauszufinden, wie Sie durch Ihr Verhalten diese Behandlung zulassen, wie Sie unter Umständen durch Ihr eigenes Verhalten dieses Verhalten anderer sogar noch verstärken!

Falls Sie Ihre Beziehung zu Ihren Mitmenschen verbessern wollen, dann dürfen Sie nicht darauf warten, dass die anderen etwas ändern. Sie werden es nicht tun, warum auch, läuft doch alles prima so, wie es ist – nein, Sie müssen Ihr Verhalten dem anpassen, was Sie von einer zwischenmenschlichen Beziehung erwarten.

Es geht hierbei nicht um irgendeine Art von Schuldzuweisungen, sondern darum, zu verstehen, dass alle Beteiligten Beziehungen jedweder Art durch ihr Verhalten beeinflussen.

Es geht mir darum, Sie zu bewegen, über Ihre eigene Vorstellung zwischenmenschlicher Beziehungen nachzudenken.

Sie können Ihr Verhalten nicht ändern, wenn Sie nur wissen, was Sie nicht wollen. Neben dem Eingeständnis, dass jeder mitverantwortlich dafür ist, wie ihn andere behandeln, so ist es auch wichtig zu wissen, wie man dann behandelt werden möchte.

Je genauer man es für sich definiert, umso besser versteht man es selbst, umso leichter kann man diese Definitionen in sein Denken und Handeln übernehmen. So kann man sein Verhalten korrigieren und korrigiert dauerhaft auch das Verhalten der anderen in Bezug auf einen selbst.

Urglaube und Glaube

Wünsche unseres Unterbewusstseins entspringen
unserem Urglauben, dem Wunsch nach einem
besseren individuellen Leben.

Es gibt Menschen, die fühlen die Musik
und wie Tasten des Flügels in ihrem Inneren und
sie wissen, dass ihre Hände nicht in der Lage
sind, sich entsprechend zu bewegen.

Doch ist der innere Wunsch, der innere Urglaube
in ihrem Unterbewusstsein so stark,
dass sie einen Weg finden werden,
die gefühlte Musik durch das Bewegen der Tasten zum Erklingen zu bringen.

Sie werden Tastaturen finden
und andere Menschen mit dem gleichen Glauben, die sie unterstützen werden
und andere werden das Ganze dann für Zufall
halten.

Alles hat seinen Grund

Vieles von dem, was ich bei anderen Menschen und auch bei mir in der Vergangenheit erlebt habe, nannte ich Zufall. Nun, ich habe gelernt, dass es einen Zufall in der Bedeutung, wie ich das Wort früher angewandt habe, nicht gibt. Oftmals muss man sich die Worte genau ansehen, woher kommen sie? Zufall – es fällt einem etwas zu. Aber im Gegensatz zum landläufigen Denken fällt einem etwas nicht aus dem Nichts zu sondern aus einem Grund.

Ein Zufall ist also begründet. Man wird nicht zufällig ein erfolgreicher Musiker, irgendetwas muss man im Vorfeld dafür getan haben. Man erreicht nicht zufällig nur eine bestimmte Position im Job. Man heiratet ja auch nicht zufällig eine bestimmte Person, alles hat seine Gründe.

Den Grund für etwas, das man erreicht hat, findet man im Denken und im Glauben daran was man gedacht hat. Umso mehr ich daran glaube, dass ich ein Weltklassemusiker werde, umso größer ist die Chance, es auch zu sein. Der Einwand, dass es dazu doch an erster Stelle besonders großes Talent braucht, zum Beispiel für das Beherrschen eines Instrumentes ist verständlich, aber es gibt viele Arten, ein Musiker zu werden. Musikalisches Talent hat jeder Mensch, man muss es nur finden. Wenn Sie jedoch nicht daran glauben, gehen Sie gar nicht erst auf die Suche! Mit dem Wunsch, ein großartiger Musiker zu sein, beginnt der Zufall halt einfach.

Der nächste Schritt ist es, seine eigene Vorstellung zu schaffen: Wie sehe ich dabei aus, was spiele ich usw. Ich muss mich in dieser Position visualisieren, eine weitere Grundvoraussetzung für den Zufall. Nachdem ich nun mein Wunschbild gestaltet habe, werde ich unbewusst Dinge tun und erlernen, die mich dem Wunschbild jeden Tag ein Stückchen näher bringen.

Wenn ich der großartige Musiker werden möchte, den ich mir ausmale, werde ich keine Ausbildung auf einer Sportschule oder zum Schreiner machen, außer ich verspreche mir etwas davon: Sei es, dass ich immer fit sein möchte auf der Bühne, weil ich mich 250 Tage im Jahr darauf sehe oder ich wissen möchte, wie man eine Bühne bearbeitet, welches Holz am besten klingt, wenn ich darauf Musik für tausende Menschen mache. Natürlich hört man sich auch Vorschläge und Tipps von anderen an, nur eines mag der Zufall gar nicht, wenn Sie glauben, dass andere

besser wissen, was gut für Sie und Ihr Wunschbild ist.

Niemand anderes als Sie selbst kann wissen, ob
etwas gut oder schlecht für Sie ist. Wenn Sie das
ausgewählt haben, was für Sie die größte Befrie-
digung, die größte Freude ist, dann gehen Sie
Ihren Weg. Gehen Sie ihn, ohne sich selbst zu
belügen, aber stellen Sie sich immer die größt-
mögliche Version Ihrer selbst vor, denn solange
Sie sich im Inneren klein fühlen, werden Sie
auch klein bleiben und dann fällt es Ihnen nicht
zu, äußerlich groß zu sein.

Der Zufall taucht nur da auf, wo es Gründe gibt,
für ihn zu sein. Niemand wird Sie für einen großen Musiker halten, wenn Sie es selbst nicht
glauben. Der Glaube daran, einer zu sein, hilft
Ihnen, den Weg zu finden, auch einer zu werden,
was zur Folge hat, dass der Zufall Sie auf Schritt
und Tritt verfolgt.

Sieg und Niederlage

Wenn ich Gesundheit und Krankheit mit Sieg oder Niederlage vergleiche, stelle ich aus eigener Erfahrung fest, dass ich mehr Kraft benötige, die Niederlage zu verkraften.

Dann frage ich mich schon, warum investiere ich denn nicht viel mehr in Ersteres?

Bleib gesund

Für mich und meine Gesundheit hat sich zuletzt eine individuelle Wahrheit herauskristallisiert: Wenn ich jede Körperfunktion ihre Arbeit so machen lasse, wie sie gedacht ist, ihr dazu
die notwendige Nahrung biete,
dann bleibe ich – vorerst – körperlich gesund.

Wenn ich meinem Geist, meinem Denken,
die Möglichkeit gebe, seine Aufgabe zu erfüllen, ihn mit entsprechenden Nährstoffen füttere,
bleibt er – vorerst - gesund.

Lasse ich meiner Seele Raum, sich zu entfalten,
bleibe ich – vorerst – gesund.

Zu meinem Verständnis von Gesundheit gehört zum einen das Prinzip, dass das Leben mich zuerst einmal gesund angedacht hat. Zum zweiten, dass diese drei, wenn ich mich daran halte, alles in meinem Körper, meinem Geist und meiner Seele gleichermaßen gesund zu ernähren, auch ganz gut ihrer Bestimmung folgen können.

Ein drittes Prinzip ist, wenn ich doch krank werde, weil ich es nicht geschafft habe, Körper, Geist und Seele in ihrer Funktion zu unterstützen, dass ich nur gesund werde, wenn ich daran glaube.

Die Art der Medizin ist dabei nebensächlich, egal, ob sie aus der Apotheke, aus der Natur kommt: Wenn ich nicht daran glaube, dass sie hilft, hat sie keine Chance dazu. Das Gleiche gilt natürlich auch für die Menschen, die mich unterstützen wollen, wieder gesund zu werden. Wenn ich ihnen nicht vertraue und nicht daran glaube, dass sie mir helfen können, wird es auch nichts werden.

Für mich bedeutet diese Einstellung, dass alles, was man mir Gutes tun möchte, nur als eine Art der Aktivierung meiner eigenen Heilungskräfte zu sehen ist. Was in der Konsequenz für mich bedeutet, dass ich in einem sehr großen Rahmen für meine Gesundheit selbst verantwortlich bin.

Die meisten Menschen haben schon etwas vom Placeboeffekt gehört, einige wenige auch vom Noceboeffekt. Ein Placeboeffekt ist eine physische oder psychische Reaktion, die nicht auf die spezielle Wirksamkeit einer Medikation oder Behandlung zurückzuführen ist, sondern nur auf den Glauben daran, dass es hilft.
Der Noceboeffekt zeigt alle möglichen Neben-

wirkungen einer echten Medikation oder Behandlung, obwohl diese auf Basis der Behandlung gar nicht entstehen können.

Ihre Gedanken, Ihr Glauben sind ein sehr mächtige Waffe im Kampf gegen eine Krankheit, jedoch genauso gegen die Gesundheit. Natürlich sind wir Menschen, wir werden von vielen anderen Menschen, Meinungen und Wahrnehmungen beeinflusst, wir werden es wahrscheinlich nie so hinbekommen, alles gleichmäßig zu ernähren und das Denken sauber sowie den Glauben positiv zu halten.

Was wir können, ist, daran zu arbeiten, dass wir diesem Ideal immer näher kommen. Immer weiter lernen, positiver mit Problemen, Krankheiten, ungünstigen Situationen umzugehen und in den guten Phasen mit wenig oder kleinen Problemen, guter Gesundheit und schönen Situationen zu glauben üben. Wir können auch unser Denken von den giftigen Gedanken fernhalten, sodass wir gerüstet sind, wenn es mal wieder etwas schlechter läuft für unseren Körper, für unseren Geist, für unsere Seele.

Was in mir steckt

Immer wieder gibt es Tage, da habe ich das Gefühl alles wächst mir über den Kopf –
das schaffe ich nicht mehr.

Wenn ich dann jedoch am nächsten Tag auf-
schreibe, was am gestrigen gewesen war,
stelle ich meist fest,
ich habe es ja doch geschafft.

Anscheinend ist es im Leben häufig so, dass erst
sichtbar wird, was in einem steckt, wenn man
dieses Gefühl hat.

Aus einem Einzeller zum Genie

Ich höre sehr oft Musik, meist mit geschlossenen Augen und male vor meinem geistigen Auge lauter für mich zu den Liedern passende Bilder.

Es gibt eine Melodie auf einer CD meines Lieblingskomponisten und Musikers Peter Kater, dabei stelle ich mir die Entstehung der Welt vor. Ich sehe einen dunklen, übelriechenden Ball im Weltall treiben. Wenn man ihn genauer betrachtet, erkennt man viele Vulkane, deren Gase brennen. Sie spucken Lava. Irgendwann bildet die viele Lava eine Kruste, bestehend aus Höhen und Tiefen, nichts ist glatt. Die nachfolgende Lava auf der Kruste kühlt ab und es entstehen Dämpfe. Sie kühlen sich ab und lagern sich als Wasser in den Tiefen der Kruste ab. Alles wird kühler. Die ersten Organismen entwickeln sich, ich weiß zwar nicht, woher, aber ich male ja noch. Aus den Organismen entwickeln sich die Tiere und die Pflanzen. Irgendwann entwickeln sich auch wir Menschen, erst sehr einfach, werden sie immer komplexer, erhalten Gehirne mit immer größer werdenden Leistungsmöglichkeiten – alles ist Entwicklung,
alles ist immer irgendwie heiß und kalt, hoch und tief, schwarz und weiß.

Wenn ich meine Augen wieder öffne und hinaussehe in den Garten, sehe ich das Leben, ich sehe andere Häuser, ich sehe Entwicklung und das macht mir Mut. Entwicklung ist ein gute Sache, weil es so für mich keine schlechte Welt gibt, nur eine sich entwickelnde, mit Menschen die ihre Eigenschaften weiterentwickeln. Also ist es auch logisch, dass manche Dinge nicht immer sofort gelingen oder gut gelingen. Man muss es immer wieder neu wagen, immer wieder neu probieren und manchmal verzweifelt man, glaubt nicht mehr daran.

Nur sind wir Menschen von Natur aus nicht als Wesen des Aufgebens gedacht. Kein Tier, keine Pflanze ist so gedacht. Wir als Menschen sind die einzige Spezies, die tatsächlich gelegentlich aufgeben – nur, warum? Wir hören zu wenig auf unsere Intuition, welche uns den Weg oft sehr viel besser weist als unser bewusst denkendes Gehirn. Wir können immer mehr, als wir denken. Es gibt im Grunde keine Grenzen, außer wir setzen sie uns. Der Einwand, es gäbe natürliche Grenzen wie Berge, Meere, Wälder, Schluchten, zählt deshalb nicht, weil der Mensch sie alle bereits überwunden hat.

Wo sind also die Grenzen? – Nur in unserem

Kopf. Das gilt im Kleinen wie im Großen.

Auch ich habe immer wieder neue Grenzen in meinem Kopf, die ich überwinden muss, allerdings werden sie von Mal zu Mal weiter gefasst. Sie dehnen sich aus, jedes Mal, wenn ich wieder eine neue Grenze überwunden habe.

Weder hat der erste kleine Organismus gedacht: „Okay, das war's", noch irgendein Tier oder eine Pflanze, warum also sollte ich das tun. Ich gebe zu, dass ich mir auch deshalb diese Bilder immer wieder vor meinem geistigen Auge zur Musik ansehe, damit ich es nicht vergesse.

Wir Menschen neigen dazu, schnell zu vergessen, was uns alles möglich ist und sofort zu verstehen, was uns alles nicht möglich ist. Ich glaube daran, dass mir alles möglich ist, in kleineren Schritten oder vielleicht auch in größeren Schritten als bei anderen, aber ich weiß:

Die Grenzen sind nur in meinem Kopf und ich kann sie überwinden – die Geschwindigkeit ist dabei nebensächlich.

Loslassen

Loslassen bedeutet nicht,
die eigenen Probleme dem lieben Gott zu überlassen, in der Hoffnung, dass er sie auflöst.

Wenn Sie an Gott glauben, dann gehen Sie ruhig
davon aus, dass er Ihnen alles mitgeben hat,
um Ihre Probleme selbst zu lösen.

Lasse los und übernimm Verantwortung

Loslassen, du musst loslassen – wie oft habe ich das schon gehört und wusste nicht, wie! Natürlich kann ich loslassen, eine Hand nach dem Händeschütteln, eine Tasse Tee nach dem ersten Schluck oder auch eine Hundeleine, wenn der Hund davon stürmt, aber die Gedanken - nein, keine Ahnung.

Für mich hat sich vieles entwickelt. Einen Schalter, den man von links nach rechts umlegt und loslässt, den habe ich bei mir zumindest bis heute nicht gefunden. Was ich aber gefunden – besser, herausgefunden – habe, ist, dass ich mein Leben so weit wie möglich selbst in die Hand nehme, so viele Entscheidungen wie möglich selbst treffe und so viel Verantwortung übernehme, wie ich bekommen kann.

Warum ich das tue, ist ganz einfach erklärt: Wenn ich mich für mein eigenes Verhalten entscheiden kann, kann ich auch eher die Konsequenzen mein Verhaltens erkennen. Auch kann ich mit den Konsequenzen besser leben, da ich sie ja selbst zu verantworten habe. Nehme ich mein Leben nicht in die Hand, tut es jemand anders. Treffe ich nicht die Entscheidungen für mein Leben, macht es jemand anders. Übernehme ich keine Verantwortung für mein Leben, dann tut auch das jemand anders.

Selbst wenn es manchmal sehr wünschenswert ist, nur seine Ruhe zu haben und alles abzugeben, so gibt man auch die Macht über sein eigenes Leben ab. Ich glaube allerdings nicht, dass wir grundsätzlich so gedacht sind. Jeder Mensch gilt als Individuum und sollte auch individuell leben, also individuell denken und handeln, seine Fertigkeiten und Fähigkeiten und alle seine ihm gegebenen Möglichkeiten ausnutzen. Das geht jedoch nur, wenn er selbst dies beginnt und ausführt – mit allen Konsequenzen! Es heißt, das Leben sei die Summe aller Erfahrungen – nur dann sollte man die Erfahrungen, die man macht selbst zu verantworten haben. Es passt am besten, man lernt am besten daraus und hat den Vorteil, dass es die eigenen sind!

Natürlich streiten sich die Gelehrten, wo der eigene Verantwortungsbereich beginnt oder aufhört. Die einen sind der Meinung, dass man für alle Erfahrungen, ob direkt oder indirekt, verantwortlich ist, andere gehen davon aus, dass man nur die direkten wirklich in seiner Zuständigkeit sehen sollte. Unterm Strich jedoch ist allen klar, dass man selbst für sein Denken und Handeln sowie deren Ergebnisse verantwortlich ist. Denke ich dauerhaft darüber nach, wie schlecht die Männer mit mir umgehen, sollte ich mir weniger Gedanken um die Männer machen, als vielmehr um meine eigenen Gedanken.

Wenn ich also mit meinen Lebensumständen unzufrieden bin, egal wie sie aussehen, muss ich mein Herz in die Hand nehmen und sie ändern. Das beginnt nicht in der Außenwelt, sondern in meinem Kopf, in meinem Denken, genauer gesagt in dem, wie ich über meine Gedanken denke!

Vielleicht sollte man sich einfach mal ein paar Fragen stellen, wie beispielsweise: Was muss ICH denn tun, um etwas zu verändern? Was habe ICH denn getan, damit ich in diese Situation geraten bin? Welche Entscheidungen habe ICH denn getroffen, die mir dieses Ergebnis eingebracht haben und so weiter. Die Frage ist nicht, warum hat der andere, sondern warum habe ICH?

Herz und Verstand

Manchmal ist es eine große Herausforderung,
seinen Verstand zu nutzen.

Noch größer wird meist die Herausforderung,
seinen gesunden Menschenverstand zu nutzen.

Die größte Herausforderung ist es jedoch,
weniger auf seinen Verstand zu hören
als vielmehr auf sein Herz.

Helle Zeiten beschreiben

Ich habe schon viele Augenblicke in meinem Leben gehabt, in denen ich glücklich war. Beispielsweise bei der Geburt meiner zwei Söhne, beim ersten Kuss, den ich von meinem Mann Jonny bekam, meiner ersten eigenen Kamera und vielen anderen.

Nur kann ich heute kaum noch detailliert erklären, wie oder was ich in diesen Augenblicken fühlte. Heute wünschte ich mir manchmal, ich hätte mich damals kurz zurückziehen und alles sofort aufschreiben können. Ich weiß, dass es sich eigenartig anhört, aber ich glaube fest daran: Wenn ich diese Zeilen in den Jahren danach zur Verfügung gehabt hätte, hätte ich vieles Negative in mir schneller von einen positiven Fortgang meines Lebens überzeugen können.

Es ist viel leichter, etwas Gutes, Positives, Ihr Glück in Worte zu fassen, wenn es noch frisch ist. Aufgeschrieben und aufbewahrt können Sie auch in schlechten und dunklen Zeiten davon profitieren, da Sie sich das Glück wieder und vor allem viel besser in Erinnerung rufen können. Dankbarkeit für das Erlebte hilft Ihnen auch in schlechten Zeiten, die Dunkelheit zu überwinden

– jedenfalls leichter als ohne.

Heute schreibe ich vieles – ich gebe zu, auch nicht immer alles – auf, um mich vor den schlechten Zeiten zu wappnen, die jederzeit wieder auf mich zukommen können.

Ich habe es für mich sogar noch etwas weiter entwickelt: Ich schreibe darunter, was ich mir aus lauter Freude am liebsten selbst schenken möchte. Das Geschenk mache ich mir in dieser Situation dann aber nicht, sondern empfehle mir selbst im letzten Satz, mir dieses Geschenk in schlechten Zeiten zu machen. Warum? Ganz einfach. Wenn es einem Menschen nicht gut geht, tut man in der Regel etwas, damit es ihm wieder besser geht. Wenn es mir schlecht geht, warum also mir nicht etwas Gutes tun, damit es mir wieder besser geht?

Der eine oder andere Mann wird nun auf weibliche Unzurechnungsfähigkeit plädieren, aber glauben Sie mir, es klappt super. Die dunklen Zeiten sind dann nicht mehr so schwarz, sondern höchstens dunkelgrau. So lassen sich viele positive Dinge wieder leichter erkennen.

Am Anfang sagte mein Verstand mir immer:

„Rosemarie, du kannst mich durch solche lächerlichen Tricks nicht überlisten, ich weiß, was ich weiß."

Mein gesunder Menschenverstand sagte mir: „Nun, Rosemarie, hört sich so an, als könnte es klappen, zwar nicht immer, aber manchmal!"

Mein Herz allerdings wartete, bis es soweit war, bevor es eine eigene Meinung dazu hatte. Denn auch wenn die zwei Sinne es nicht wahrhaben wollen, mein Herz weiß es besser.

In einer Zeit, in der es wieder etwas dunkler wurde, nutzte ich das Geschriebene und beschenkte mich. Zweifel, Angst, Sorgen oder andere Eigenschaften verschwanden zwar nicht sofort und gänzlich, aber es war alles nicht mehr so dramatisch. Ich hatte wieder eine kurze Phase der Freude, welche ich nutzen konnte, die Probleme der dunklen Zeit zu lösen. Ich hatte so eine bessere Chance, alles zu bewältigen, als ohne diese positiven Momente.

Verlassen Sie sich ruhig auf Ihren Verstand, aber vergessen Sie nicht, auf Ihr Herz zu hören.

Gott

Es gibt vielerlei Möglichkeiten
bei so ziemlich allem in unserem Leben
und das ist auch mit dem Glauben an Gott so.

Es gibt ihn,
es gibt ihn nicht,
es gibt ihn vielleicht!

Der Weg,
es herauszufinden,
ist abhängig davon, wer ihn geht.

Freiheit und Unfreiheit des Glaubens

Ich kenne viele Menschen, die sagen, dass sie an Gott glauben, andere an einen Schöpfer, wieder andere an das Universum. Ich persönlich habe mittlerweile die Bezeichnung
„Glaube an die Schöpfung" für mich übernommen, was jedoch vom Grundsatz des Glaubens her egal ist.

Auch kenne ich Menschen, die von sich behaupten, dass sie weder an einen Gott, noch an einen Schöpfer oder etwas Vergleichbares glauben und die, die immer wieder hin- und hergerissen sind, ja, nein, vielleicht, weiß nicht.

Bei denen die glauben, finde ich oft zwei grundsätzliche Meinungen, die eine vom
Glauben und der Freiheit ohne Angst und Drohung sowie die eines Gefühls der Unfreiheit im Glauben, manchmal sogar eines Gefühls der Angst und der Bedrohung.

Ich kann diese Meinungen verstehen, nur glaube ich nicht daran, dass es einen Gott gibt, der die Menschen wirklich unfrei, ängstlich und bedroht sehen möchte. In einem Gespräch, das ich einmal mit einer anderen Patientin in meiner Zeit der „Abwesenheit von Gesundheit" zum Thema Gott führte, erklärte ich, dass ich als Fotografin sehr stark von Bildern geprägt bin, äußeren wie inneren.

Daher stelle ich mir Gott manchmal als menschenähnlich vor. Ich kann mir Dinge als Bild besser vorstellen. Ich stelle mir vor, dass ich durch eine Stadt gehe mit vielen Geschäften und vielen Schaufenstern und ich sehe dort auch viele Menschen. Doch bleibe ich zuerst einmal bei mir. Wenn ich mich nun vor ein Schaufenster stelle und mich auf mein Spiegelbild in der Scheibe konzentriere, die Reflexionen sehe, dann erkenne ich, wie alles zu mir zurückkommt. Sehe ich lachend hinein, betrachte ich mich lachend, sehe ich ängstlich hinein, betrachte ich mich ängstlich, sehe ich bedrohlich hinein, betrachte ich mich bedrohlich!

Wenn ich nun feststellen sollte, dass dieses Geschäft das Geschäft Gottes wäre (es steht in großen Buchstaben dran - auch wenn ich es zunächst nicht gesehen habe), dann blicke ich konzentriert durch das Fenster und sehe jemanden, der einfach zurückschaut. Er hat alle meine Gesichter, die ich vorher gemacht habe, ertragen und er hat sie nicht zurückgeschickt. Ich war diejenige, die sie ausgesendet und wieder aufgenommen hat. Er, hinter der Scheibe, sieht mich einfach fröhlich und gütig an. Nicht Gott oder ein Schöpfer sorgt dafür, dass alles zu uns zurückkommt, sondern wir selbst – das ist meine Überzeugung, es ist mein Weg.

Schreie der Verzweiflung in meinem Inneren sorgen dafür, dass ich auch nur Schreie höre. Vorwürfe in meinem Inneren sorgen dafür, dass ich auch nur Vorwürfe höre. Selbstmitleid in meinem Inneren sorgt dafür, dass ich auch nur Selbstmitleid erfahre.

Wer auch immer eine Verantwortung für uns hat, der hat uns die Selbstverantwortung mit auf den Weg gegeben, wir schauen in unseren geistigen Spiegel und bekommen zurück, was wir dort sehen.

Daher ist es auch an uns, zu entscheiden, was wir sehen, wie wir es sehen und wer dafür die Verantwortung trägt. Wir entscheiden auch, woran wir glauben. Daher macht nicht der Glaube unfrei, sondern nur der Mensch selbst.

Die Masse

Jenseits von der Masse
findest du dich selbst.
Findest du dich selbst,
nimmst du dir die Lebenslügen.
Lebst du ehrlich
und authentisch,
lebst du voller Glück!

Nutze deine Lebenskraft und eine Talente

Heute wundere ich mich immer noch, wie ich mein Leben während der ersten fünfzig Jahre geführt habe. Wie viele meiner Mitmenschen habe auch ich ganz tapfer und unbeirrt mein authentisches Selbst unterdrückt. Wie sie habe ich jahrzehntelang meine ganze Energie darauf verwendet, jemand zu sein, der ich gar nicht sein wollte oder gar der zu sein, von der ich glaubte, dass andere mich so haben wollten – verrückt!

Ja, verrückt, genauso fühlt man sich irgendwann! Lebenskraft und Talent habe ich eine lange Zeit verschwendet. Wir werden großgezogen in dem Glauben, dass wir bestimmte Aufgaben zu bewältigen haben, wir werden nicht gefragt, ob sie uns überhaupt interessieren. Wir koordinieren unser Leben und leben es nicht. Denn wir müssen organisieren, Mutter, Vater, Verwandtschaft, Freunde, Freund, später Ehemann und Kinder. Dazu gesellen sich kleine „freiwillige" Jobs wie Hausfrau, Helferin im Verein, in der Schule, beim Kindertheater und viele andere mehr. Es ist schließlich unsere Pflicht. Bei all diesen Verpflichtungen jedoch gehen wir immer nur auf die individuellen Bedürfnisse der anderen ein - wann kommen unsere eigenen dran?

Nicht, dass ich etwas gegen Familie und Kinder, Neben- und Hauptjobs habe. Darum geht es nicht, sondern darum, wann sind wir denn wir selbst? Wann?!

Mal sind wir die Ehefrau, dann sind wir die Mutter, dann sind wir Tochter oder Sohn, dann Mitarbeiter usw. Wann sind wir WIR?

Wir bezahlen dafür mit körperlichen, geistigen und seelischen Problemen und das hilft weder den anderen noch uns. Wir sabotieren im Grunde uns selbst!

Ich kenne natürlich die Ausreden, warum man sich gerade jetzt nicht um sich kümmern kann. Die Kinder, die Firma, der Mann, die Eltern, alle haben immer etwas wirklich Wichtiges und Dringendes mit uns zu tun. Wenn man sich immer weiter darauf einlässt, entfernt man sich immer mehr von sich selbst und erkennt sich auch irgendwann nicht mehr.

Irgendwann übernehmen wir auch nur noch die Vorgaben und Meinungen von anderen, wie wollen wir auch diesen uns fremden Menschen als uns selbst identifizieren?

Machen wir uns da nichts vor, unser Umfeld bestimmt unser Leben. Der Einfluss, den man auf uns ausübt, kann so wohlmeinend sein, wie er will, er nützt uns nichts, denn wir sind ja gar nicht mehr wir. Es mag sehr hart klingen, was ich hier schreibe, aber ich möchte klarmachen, wie die Situation in meinem Leben war und manchmal immer noch ist. Höchstwahrscheinlich ist sie auch bei Ihnen so. Wichtig ist es, solche Entwicklungen zu erkennen, zu verstehen, denn dann ist es möglich, allem eine neue Richtung zu geben.

Man muss sich nicht scheiden lassen oder kündigen, aber man sollte neue Freiheiten für sich herausholen. Wenn man die Notwendigkeit dieser neuen Freiheiten den anderen überzeugend darlegt, ist es in der Regel auch kein Problem, sie zu erhalten. Nutzen Sie diese, um zur Ruhe zu kommen, wieder zu sich selbst zu finden, und dann bauen sie diese Zug um Zug aus. So lernen die Menschen in Ihrem Umfeld auch, sich etwas mehr mit ihren eigenen Dingen zu beschäftigen.

Sorgen

Viele Dinge in meinem Leben kann ich beeinflussen und verändern,
es gibt also Lösungen
und somit brauche ich mir da
keine Sorgen machen.

Andere Dinge in meinem Leben kann ich nicht
beeinflussen und verändern, es gibt also für mich
keine Lösungen, außer, ich lebe damit - was
wiederum bedeutet, auch da muss ich mir keine
Sorgen machen, es nutzt ja nichts!

Also warum dann diese Sorgen?

Sorgen mache ich mir dann, wenn ich dafür Zeit hab – und dafür habe ich keine

Immer wieder passierte es mir früher, heute viel seltener, dass ich mir wegen allem und jedem Sorgen machte.

Ich machte mir Sorgen wegen der Ernährung, wegen der Kunden, wegen der Kinder, wegen meines Mannes, wegen meiner Kameras - es gab fast nichts, worüber ich mir keine Sorgen machte. Allerdings haben Sorgen etwas Fürchterliches an sich, sie machen Angst!

Auch wenn ich hätte wissen müssen, dass die Angst unbegründet war, so war sie immer präsent. Meine Angst wurde natürlich genährt durch Krankheiten, Schicksalsschläge und andere Dingen.

Heute weiß ich, dass es keiner Angst bedarf, um Probleme im Leben zu bekommen – die kommen auch so. Mit der Zeit erkannte ich, dass es Mut brauchte, mit diesen Problemen umzugehen. Wie nun sollte ich aber meine Angst loswerden? Ich hatte keine Ahnung und ängstigte mich weiter.

Mit den Jahren, nach meiner schwierigen Zeit der Abwesenheit von Gesundheit, führte ich ein Wunschbuch, in das ich jeden Tag hineinschrieb, welche Wünsche ich noch für mein Leben hatte. Außerdem führte ich ein sogenanntes Positivbuch, in das ich schrieb, was mir an dem jeweiligen Tag Gutes passiert war. Meine Hoffnung war, dass ich mit meinem Leben positiver umgehen würde, dass ich Prüfungen positiver annehmen konnte, dass mein Umgang mit Problemen positiver werden würde.

Woran ich dabei gar nicht dachte: Es wurden ja nicht nur positive Gedanken in mein Unterbewusstsein gepflanzt, nein – sie brauchten irgendwo Platz. Also stellte ich mir vor, dass immer, wenn ich einen positiven Gedanken auf meinem Feld des Unterbewusstseins anpflanzte, eine andere Pflanze weichen musste.

Ich stellte mir eine karge, stachelig unschöne Pflanze vor, die den Eindruck machte, als gehöre sie nicht auf das Feld und nannte sie im Geiste die AUP (Anti-unbesorgt-Pflanze). Jedes Mal, wenn ich wieder etwas Positives in mein Buch schrieb, malte ich mir gleichzeitig aus, wie ich die AUP herauszog und dafür die PUP (Positiv-denkend-unbesorgt-Pflanze) einpflanzte.

Bei jedem Mal erschien mir das Feld schöner, heller und angenehmer anzuschauen und gleichzeitig hatte ich das Gefühl, dass meine Sorgen immer mehr abnahmen. Natürlich gab es daneben noch den Komposthaufen mit den alten AUPs. Nun, Sie wissen ja, wie das mit dem Kompost ist, er fällt zusammen. Die kleinen Bakterien und Pilze bauen ihn ab und man kann ihn danach wunderbar als Dünger für das Feld nutzen, biologisch!

Mit diesen Bildern vor Augen bin ich manchmal noch ganz froh, mir etwas Sorgen zu machen, ich hätte ja sonst keinen Dünger mehr oder ich würde vielleicht aufhören, meine Bücher zu führen. Ich möchte mir nicht mehr diese Sorgen machen, aber ganz ohne Sorgen kann ich nicht sein und das ist auch nicht das Ziel, denn sie erinnern mich immer wieder daran, mein Feld mit positiven Gedanken zu bepflanzen.

Ich habe gelernt, gelassen damit umzugehen und auch, dass etwas auszumerzen völliger Unsinn ist. Wir brauchen das eine wie das andere, die Frage ist nur, in welchem Verhältnis. Und das können wir immerhin selbst entscheiden.

Es ist eigenartig

Es ist schon etwas eigenartig:

Ignoriere ich meine Probleme
und Schwierigkeiten, bleiben sie trotzdem
oder sie werden gar größer.

Ignoriere ich meine Stärken
und meine Möglichkeiten,
schrumpfen sie
oder verschwinden ganz.

Vergiss deine Schwächen, nutze dein Stärken

Probleme ignorieren konnte ich bereits als Kind ganz gut, Schwierigkeiten vermied ich, wo es mir nur möglich war. Ich erkläre mir mein Verhalten damit, dass ich in dem bestimmten Bereich meine Schwächen hatte und mich damit entschuldigte, dass er mir nicht läge.

Vielleicht kam es auch daher, dass man in der Schule genauso wie im Leben Schmerz vermeiden wollte, also das lernte, was der Lehrer wünschte. Ob es mir lag oder nicht, ob es mir gefiel oder nicht, war mir egal, Hauptsache, niemand hatte was zu meckern. Zur Not habe ich es einfach auswendig gelernt und danach wieder vergessen. Wenn ich es genau überlege, habe ich in der Schule viele Fakten gelernt, aber Lebenswichtiges nur wenig.

Daran, meine persönlichen Stärken zu erkennen und mit Freude zu lernen, um sie auszubauen, habe ich nie gedacht und ich glaube, auch sonst niemand in meiner Klasse, es ging nur darum, möglichst wenige Fehler zu machen. Eine solche Vorgehensweise führt allerdings dazu, dass es im

Erwachsenenalter genauso weitergeht.

Ich glaube, dass ich das erst so richtig verstanden habe, seit ich schwerwiegende Einschnitte gesundheitlicher, familiärer und finanzieller Art erleben musste.

Wenn entscheidende Probleme und Schwierigkeiten auf einen zukommen, muss man lernen, sie anzunehmen und vor allem, sich mit den Lösungen zu beschäftigen. Das Verhältnis, sich über das Problem Gedanken zu machen und sich über die Lösung Gedanken zu machen, war im Anfang bei mir gefühlt 99:1. Ich erklärte mir selbst das Problem immer und immer wieder, aber für einen Lösungsansatz war kein Platz. Die Probleme beherrschten mein ganzes Denken. Warum das so war?

Ich kannte meine Stärken nicht. Sie brauchen aber Ihre Stärken, um Schwierigkeiten zu beseitigen. Schwierigkeiten sind nur noch halb so schlimm, wenn Sie einmal wissen, dass Sie auch Stärken haben, und sie verringern sich noch weiter, wenn Sie wissen, wie sie diese einsetzen können. Ich lernte nun, meine Stärken auszubauen, ähnlich wie man Muskulatur im Fitnessstudio aufbaut. Ich trainierte jeden Tag. Ich besuchte Seminare, mehr oder weniger gute, gelernt habe ich immer etwas! Ich las Bücher, unterhielt mich mit anderen Menschen und lernte von ihrer Einstellung zum Leben, zur Arbeit und vielen Dingen mehr. Ich bemerkte, dass die Lösungen meiner Probleme und Schwierigkeiten proportional zum Ausbau meiner persönlichen Stärken voranging – immer schneller. Das wiederum machte mir Mut und brachte mir mehr Selbstvertrauen. Ich verstand, dass nicht das Problem das Problem ist, sondern unsere Art, wie wir darüber denken.

Seitdem hat sich vieles gewandelt. Heute sehe ich Probleme und Schwierigkeiten zum Lösungsansatz eher in einem Verhältnis von 25:75. Ich arbeite daran, diese noch zu verbessern, allerdings nicht mit Mitteln, die mir nicht liegen oder mit Dingen, die ich nicht kann (es ist erstaunlich welche Techniken man von anderen Menschen übernimmt, obwohl sie für einen selbst unpassend sind), sondern ausschließlich mit den mir gegebenen Möglichkeiten, Talenten und Fähigkeiten.
Seit ich das tue, ist die Lebensqualität bei jedem weiteren Problem gestiegen, denn mein Blick darauf hat sich verändert, sodass die Lösung schneller greift und somit wieder mehr problemlose Lebenszeit übrig ist.

Ich spiele seit dem 6. Lebensjahr Klavier.
Da gibt es sehr wenige Dinge,
die für mich natürlicher sind, als Musik zu machen.
Beim Spielen meines Klaviers kann ich ausdrücken,
was sich tief in meinem Herzen und meiner Seele befindet.

Diese Dinge in Worte zu fassen erscheint dazu im Vergleich
farblos. Ich bin glücklich ein Tonstudio in meinem Haus zu haben.
Fast jedes Mal, wenn ich am Klavier sitze zu spielen beginne
drücke ich die Aufnahme-Taste nur für den Fall,
dass etwas „Spezielles" dabei ist.

Die Improvisationen und Kompositionen auf diesem Album
wurden in den letzten drei Jahren in "der Hitze" des Augenblicks
aufgenommen. Es sind musikalische Porträts meines Herzens,
voll mit allen Emotionen, Freuden, Komplexitäten,
Aufregungen, Schmerzen und Enthüllungen der
verschiedenen Manifestationen und Landschaften der LIEBE.

-

Peter Kater

Im Handel

DULIDU
52 GEDANKEN FÜR EIN
AUTHENTISCHES LEBEN

ROSEMARIE HOFER

ERSCHEINUNGSTERMIN :

DEZEMBER 2014

Im Handel

DULIDU
GEDULDIG HABE ICH DEN KREBS BESIEGT

ROSEMARIE HOFER

ERSCHEINUNGSTERMIN :

MÄRZ 2015

Vorankündigung

DULIDU
Achtsamer Leben
durch Affirmationen

Rosemarie Hofer

Voraussichtlicher
Erscheinungstermin:

Juni 2017

Vorankündigung

DULIDU
IN MIR FINDE ICH MEIN LEBENSGLÜCK

ROSEMARIE HOFER

VORAUSSICHTLICHER
ERSCHEINUNGSTERMIN :

NOVEMBER 2017

Im Handel

DULIDU & PHOTO ART°

(KALENDER, 14 SEITEN)

PHOTO ART° BY
ROSEMARIE HOFER

ERSCHEINUNGSTERMIN :

JÄHRLICH
AB MÄRZ
NEU / AKTUALISIERT

Im Handel

ANNA

(KALENDER, 14 SEITEN)

PHOTO ART° BY
ROSEMARIE HOFER

ERSCHEINUNGSTERMIN :

JÄHRLICH
AB MÄRZ
NEU / AKTUALISIERT

Im Handel

GEOMETRIC
ZARTE EROTIK

(KALENDER, 14 SEITEN)

PHOTO ART® BY
ROSEMARIE HOFER

ERSCHEINUNGSTERMIN :

JÄHRLICH
AB MÄRZ
NEU / AKTUALISIERT

Im Handel

GEOMETRIC
FARBIGE EROTIK

(KALENDER, 14 SEITEN)

PHOTO ART* BY
ROSEMARIE HOFER

ERSCHEINUNGSTERMIN :

JÄHRLICH
AB MÄRZ
NEU / AKTUALISIERT

Im Handel

Cube Flower

POSTERBUCH

PHOTO ART° BY
ROSEMARIE HOFER

ERSCHEINUNGSTERMIN :

NOVEMBER 2013

Im Handel

Flower Explosion

POSTERBUCH

PHOTO ART° BY
ROSEMARIE HOFER

ERSCHEINUNGSTERMIN :

NOVEMBER 2013

Kontakt:

www.dulidu.de
www.rosemariehofer.de
www.rosemarie-hofer.de
www.rosemarie-hofer-photo-art.com
http://rosemariehofer.wordpress.com

Inhaltsverzeichnis

MIX

Papier | Fördert
gute Waldnutzung

FSC® C083411

Zeitfracht Medien GmbH
Ferdinand-Jühlke-Straße 7
99095 Erfurt, Deutschland
produktsicherheit@kolibri360.de